Schriften zum Infrastruktu

herausgegeben von

Wolfgang Durner und Martin Kment

21

Martin Kment

Flexibilisierung von Netzverknüpfungspunkten

Zugleich eine Untersuchung zu den Sonderrechten
für ausgewählte Energieleitungsvorhaben,
zur legislativen Bedarfsplanung
und zur erstinstanzlichen Zuständigkeit
des Bundesverwaltungsgerichts

Mohr Siebeck

Martin Kment ist Inhaber des Lehrstuhls für Öffentliches Recht und Europarecht, Umweltrecht und Planungsrecht der Universität Augsburg und Geschäftsführender Direktor des Instituts für Umweltrecht.

ISBN 978-3-16-159604-9 / eISBN 978-3-16-159605-6
DOI 10.1628/978-3-16-159605-6

ISSN 2195-5689 / eISSN 2569-4456 (Schriften zum Infrastrukturrecht)

Die Deutsche Nationalbibliothek verzeichnet diese Publikation in der Deutschen Nationalbibliographie; detaillierte bibliographische Daten sind über *http://dnb.dnb.de* abrufbar.

© 2020 Mohr Siebeck Tübingen. www.mohrsiebeck.com

Das Buch wurde von Gulde-Druck aus der Garamond gesetzt, auf alterungsbeständiges Werkdruckpapier gedruckt und von der Buchbinderei Nädele in Nehren gebunden.

Printed in Germany.

Vorwort

Der Ausbau der deutschen Elektrizitätsnetze ist ins Stocken geraten. Die selbst gesteckten Ausbau- und Ertüchtigungsziele wurden (noch) nicht erreicht. Einige der Ursachen hierfür liegen auch in den rechtlichen Rahmenbedingungen des Netzausbaus, die die Weiterentwicklung der Netzinfrastruktur nicht immer nur gefördert haben. Deshalb hat sich der Gesetzgeber für Korrekturen des Normenbestands entschieden. Vieles wird jetzt dem Primat der „Beschleunigung" untergeordnet, wie das jüngste Gesetz zur Beschleunigung des Energieleitungsausbaus vom 13. Mai 2019 (BGBl. I S. 706) prägnant verdeutlicht.

Die vorliegende Untersuchung bringt sich in die Debatte um die Neuausrichtung des Energieleitungsrechts ein. Sie fokussiert sich auf die Netzverknüpfungspunkte, die für alle Energieleitungsprojekte identitätsbildend sind, und denkt über ihre Flexibilisierung nach. Letzteres schien nach einem Beschluss des Bundesverwaltungsgerichts vom 12. September 2018 (Az: 4 A 13.17) schwieriger geworden zu sein. Dieses Buch bemüht sich um eine Einordnung dieses Judikats. Es will die Potenziale eines beschleunigten Netzausbaus nicht leichtfertig und vorschnell aufgeben. Im beschriebenen Kontext spielen die Sonderrechte einiger ausgewählter Energieleitungsvorhaben eine zentrale Rolle. Zudem wird der Rechtsfigur der legislativen Bedarfsplanung besondere Aufmerksamkeit geschenkt und die rechtlichen Grenzen der Inanspruchnahme des Bundesverwaltungsgerichts als erstinstanzlicher Spruchkörper ausgelotet.

Die vorliegend publizierte Untersuchung geht zu einem großen Teil auf ein rechtswissenschaftliches Gutachten zurück, das einem Netzbetreiber erstattet wurde. Ergänzend sind Konkretisierungen und Erweiterungen vorgenommen worden. Für die Unterstützung bei der formalen Gestaltung und Aktualisierung des Manuskripts danke ich Frau Sabine Bauer, Herrn Stefan Fimpel, Herrn Felix Müller, Frau Inge Rystau und Frau Anna Weininger.

Augsburg, Mai 2020 *Martin Kment*

Inhaltsverzeichnis

Abkürzungsverzeichnis

a. A.	Andere Ansicht
a. F.	Alte Fassung
ABl. EU	Amtsblatt der Europäischen Union
Abs.	Absatz
AEG	Allgemeines Eisenbahngesetz vom 27. Dezember 1993 (BGBl. I S. 2378, 2396; 1994 I S. 2439), das zuletzt durch Artikel 1 des Gesetzes vom 16. März 2020 (BGBl. I S. 501) geändert worden ist
AFG	Gesetz über die Leistungen und Aufgaben zur Beschäftigungssicherung und zur Förderung des Wirtschaftswachstums vom 25. Juni 1969 (BGBl. I S. 582), das zuletzt durch Artikel 30 des Gesetzes vom 20. Dezember 1996 (BGBl. I S. 2049, 2080) geändert worden ist
Anm.	Anmerkung
Art.	Artikel
BauGB	Baugesetzbuch in der Fassung der Bekanntmachung vom 3. November 2017 (BGBl. I S. 3634)
BauR	Zeitschrift für das gesamte öffentliche und private Baurecht
BayVBl.	Bayerische Verwaltungsblätter (Zeitschrift)
BBPlG	Gesetz vom 23. Juli 2013 (BGBl. I S. 2543; 2014 I S. 148, 271), zuletzt geändert durch Artikel 3 des Gesetzes vom 13. Mai 2019 (BGBl. I S. 706)
Beschl.	Beschluss
Bf.	Beschwerdeführer
BGBl.	Bundesgesetzblatt
BNetzA	Bundesnetzagentur
BT-Drs.	Bundestagsdrucksache
BVerfG	Bundesverfassungsgericht
BVerfGE	Entscheidungen des Bundesverfassungsgerichts
BVerwG	Bundesverwaltungsgericht
BVerwGE	Entscheidungen des Bundesverwaltungsgerichts
BVerwGG	Gesetz über das Bundesverwaltungsgericht vom 23. September 1952 (BGBl I S. 625)
bzgl.	bezüglich
bzw.	beziehungsweise
ca.	circa
DE	Deutschland
dena	Deutsche Energie-Agentur GmbH
dena-Netzstudie I	Energiewirtschaftliche Planung für die Netzintegration von Windenergie in Deutschland an Land und Offshore bis zum Jahr 2020 – Konzept für eine stufenweise Entwicklung des

	Stromnetzes in Deutschland zur Anbindung und Integration von Windkraftanlagen Onshore und Offshore unter Berücksichtigung der Erzeugungs- und Kraftwerksentwicklungen sowie der erforderlichen Regelleistung, 2005
d. h.	das heißt
DÖV	Die öffentliche Verwaltung (Zeitschrift)
DVBl.	Deutsches Verwaltungsblatt (Zeitschrift)
EnLAG	Energieleitungsausbaugesetz vom 21. August 2009 (BGBl. I S. 2870), das zuletzt durch Artikel 4 des Gesetzes vom 13. Mai 2019 (BGBl. I S. 706) geändert worden ist
EnWG	Energiewirtschaftsgesetz vom 7. Juli 2005 (BGBl. I S. 1970, 3621), das zuletzt durch Artikel 1 des Gesetzes vom 5. Dezember 2019 (BGBl. I S. 2002) geändert worden ist
EnWZ	Zeitschrift für das gesamte Recht der Energiewirtschaft
ER	EnergieRecht (Zeitschrift)
ET	Energiewirtschaftliche Tagesfragen (Zeitschrift)
EU	Europäische Union
EuGRZ	Europäische Grundrechte-Zeitschrift (Zeitschrift)
f	folgend oder für
ff	folgende
Festschr.	Festschrift
Fn.	Fußnote
FStrAbG	Fernstraßenausbaugesetz in der Fassung der Bekanntmachung vom 20. Januar 2005 (BGBl. I S. 201), das zuletzt durch Artikel 1 des Gesetzes vom 23. Dezember 2016 (BGBl. I S. 3354) geändert worden ist
FStrG	Bundesfernstraßengesetz in der Fassung der Bekanntmachung vom 28. Juni 2007 (BGBl. I S. 1206), das zuletzt durch Artikel 2 des Gesetzes vom 3. März 2020 (BGBl. I S. 433) geändert worden ist
GewArch	Gewerbearchiv (Zeitschrift)
GG	Grundgesetz für die Bundesrepublik Deutschland in der im Bundesgesetzblatt Teil III, Gliederungsnummer 100-1, veröffentlichten bereinigten Fassung, das zuletzt durch Artikel 1 des Gesetzes vom 15. November 2019 (BGBl. I S. 1546) geändert worden ist
GmbH	Gesellschaft mit beschränkter Haftung
Halbs.	Halbsatz
HGÜ	Hochspannungs-Gleichstrom-Übertragung
Hrsg.	Herausgeber
IEKP	Integriertes Energie- und Klimaprogramm
i. S. d.	Im Sinne des
i. V. m.	In Verbindung mit
JurisPR-BVerwG	juris PraxisReport Bundesverwaltungsgericht
km	Kilometer
kV	Kilovolt
LKV	Landes- und Kommunalverwaltung (Zeitschrift)

NABEG	Netzausbaubeschleunigungsgesetz Übertragungsnetz vom 28. Juli 2011 (BGBl. I S. 1690), zuletzt geändert durch Artikel 2 des Gesetzes vom 13. Mai 2019 (BGBl. I S. 706)
NABEG-E	Netzausbaubeschleunigungsgesetz Übertragungsnetz – Entwurf
n. F.	Neue Fassung
NdsVBl.	Niedersächsische Verwaltungsblätter (Zeitschrift)
NJW	Neue Juristische Wochenschrift (Zeitschrift)
NL	Niederrhein-Landesgrenze
NO	Norwegen
NOR-3-3	Offshore-Anbindungsleitung Nordsee-Cluster 3 – Grenzkorridor II – Halbemond
Nr.	Nummer
NuR	Natur und Recht (Zeitschrift)
NVwZ	Neue Zeitschrift für Verwaltungsrecht
NVwZ-RR	Rechtsprechungs-Report Verwaltungsrecht (Zeitschrift)
NWVBl.	Nordrhein-Westfälische Verwaltungsblätter (Zeitschrift)
NZBau	Neue Zeitschrift für Baurecht und Vergaberecht
NZV	Neue Zeitschrift für Verkehrsrecht
OVG	Oberverwaltungsgericht
RdE	Recht der Energiewirtschaft
Rn.	Randnummer
ROG	Raumordnungsgesetz vom 22. Dezember 2008 (BGBl. I S. 2986), das zuletzt durch Artikel 2 Absatz 15 des Gesetzes vom 20. Juli 2017 (BGBl. I S. 2808) geändert worden ist
S.	Satz oder Seite
s.	siehe
sog.	sogenannt
TEN-E-Leitlinien	Leitlinien für die transeuropäischen Netze im Energiebereich
u. a.	und andere
UPR	Umwelt und Planungsrecht (Zeitschrift)
Urt.	Urteil
UVP	Umweltverträglichkeitsprüfung
v.	vom oder versus
VerkPBG	Verkehrswegeplanungsbeschleunigungsgesetz vom 16. Dezember 1991 (BGBl. I S. 2174), das zuletzt durch Artikel 464 der Verordnung vom 31. August 2015 (BGBl. I S. 1474) geändert worden ist
Verw.	Die Verwaltung (Zeitschrift)
vgl.	vergleiche
Vorb.	Vorbemerkung
VwGO	Verwaltungsgerichtsordnung in der Fassung der Bekanntmachung vom 19. März 1991 (BGBl. I S. 686), die zuletzt durch Artikel 56 des Gesetzes vom 12. Dezember 2019 (BGBl. I S. 2652) geändert worden ist
VwVfG	Verwaltungsverfahrensgesetz in der Fassung der Bekanntmachung vom 23. Januar 2003 (BGBl. I S. 102), das zuletzt durch Artikel 5 Absatz 25 des Gesetzes vom 21. Juni 2019 (BGBl. I S. 846) geändert worden ist

WaStrG	Bundeswasserstraßengesetz in der Fassung der Bekannt-machung vom 23. Mai 2007 (BGBl. I S. 962; 2008 I S. 1980), das zuletzt durch Artikel 4 des Gesetzes vom 29. November 2018 (BGBl. I S. 2237) geändert worden ist
z. B.	zum Beispiel
ZfBR	Zeitschrift für deutsches und internationales Bau- und Vergaberecht
ZNER	Zeitschrift für Neues Energierecht
zul.	zuletzt
ZUR	Zeitschrift für Umweltrecht
ZVglRWiss	Zeitschrift für Vergleichende Rechtswissenschaft

A. Ausgangslage

I. Entscheidung mit großer Wirkung

Das BVerwG hat in einem nur wenig beachteten Beschluss vom 12.09.2018[1] Aussagen zur Verbindlichkeit von Anfangs- und Endpunkten (Netzverknüpfungspunkte) von gesetzlich definierten Vorhaben getätigt, die in ihrer Folgewirkung kaum zu unterschätzen sind. Sie stellen erhebliche Hürden für den dringend erforderlichen Netzausbau dar, welche die Ausbaugeschwindigkeit im deutschen Elektrizitätsnetz weiter schwächen könnten. Die nachfolgende Untersuchung nimmt sich daher der Frage der Flexibilisierung von Netzverknüpfungspunkten an und bindet sie in den weiteren rechtlichen Kontext ein.

II. Der Auslöser: Vorhaben Nr. 5 nach EnLAG

1. Einordnung des EnLAG-Projekts Nr. 5 in den energiewirtschaftlichen Kontext

Der Ausbau der deutschen Energieinfrastruktur, wie ihn die Energiewende erzwingt,[2] schreitet voran. Einige Netzausbaustrecken sind realisiert, andere genehmigt, weitere geplant. Trotz einiger politischer, rechtlicher und technischer Fallstricke unternehmen die in Deutschland agierenden Übertragungsnetzbetreiber große Anstrengungen, um (insbesondere) den gesetzlich definierten Bedarf an den Neuerrichtungen und/oder den Ertüchtigungen von Stromtrassen zu stillen, wie er sowohl im Gesetz über den Bundesbedarfsplan (BBPlG)[3] als auch im Gesetz zum Ausbau von Energieleitungen (EnLAG)[4] festgehalten ist. Dort benennt der Gesetzgeber konkrete Strecken – teilweise mit Zwischenzielen –,[5] die er für dringend erforderlich erachtet, um die Versorgungssicherheit mit Strom sicherzustellen und die Leistungsfähigkeit der Netze wieder zu garantieren.[6]

---

[1] BVerwG, Beschl. v. 12.09.2018 – 4 A 13.17 –, NVwZ-RR 2019, S. 91.

[2] *Kment*, Das Planungsrecht der Energiewende, Verw 2014, S. 377.

[3] Gesetz v. 23.07.2013 (BGBl. I S. 2543; 2014 I S. 148, 271), zul. geändert durch Art. 3 des Gesetzes v. 13.05.2019 (BGBl. I S. 706).

[4] Gesetz v. 21.08.2009 (BGBl. I S. 2870), zul. geändert durch Art. 4 des Gesetzes v. 13.05. 2019 (BGBl. I S. 706).

[5] Siehe etwa das EnLAG-Projekt Nr. 14 oder die BBPlG-Projekte Nr. 7, 8, 18.

[6] *Schweizer/Mattis*, Die neuen gesetzlichen Instrumente für Versorgungssicherheit im deutschen Stromnetz, ET 2016, 84.

Gleichzeitig gibt der Gesetzgeber damit auch den Anstoß, um in die Planung und Verwirklichung dieser anvisierten Energieleitungen einzutreten.[7]

Eines der gesetzlich aufgeführten, besonders wichtigen Projekte für die deutsche Energieinfrastruktur ist das EnLAG-Projekt Nr. 5, also die Stromnetzverbindung zwischen dem Netzverknüpfungspunkt Dörpen West und dem Netzverknüpfungspunkt Niederrhein. Vorhabenträger dieses Projekts sind die Amprion GmbH und die TenneT TSO GmbH, wobei die TenneT TSO GmbH allein in Niedersachsen tätig und dort für den Bereich bis zum Netzverknüpfungspunkt Meppen zuständig ist. Die Realisierung der weiteren Trasse bis zum nordrhein-westfälischen Netzverknüpfungspunkt Niederrhein obliegt der Amprion GmbH.

2. Merkmale des EnLAG-Projekts Nr. 5

Das ca. 180 km bzw. 200 km[8] lange EnLAG-Vorhaben Nr. 5 dient der Verstärkung der bestehenden Leitungstrassen zum Abtransport steigender Energiemengen, die in Norddeutschland durch Windkraftanlagen Offshore und an Land erzeugt werden. Zugleich soll damit eine Hauptachse für den allgemeinen Stromtransport von Nord- nach Süddeutschland entstehen. Teilabschnitte des Gesamtvorhabens sind bereits realisiert (z. B. zwischen Bredenwinkel und Borken Süd), andere planfestgestellt (etwa der Abschnitt Dörpen West – Meppen)[9] und wieder andere Abschnitte sind in der Planung (so etwa der Teilabschnitt zwischen Haddorfer See und Wettringen).[10]

Da es sich bei dem EnLAG-Vorhaben Nr. 5 gem. § 2 Abs. 1 S. 1 Nr. 2 EnLAG auch um ein sog. Pilotprojekt handelt, das der Erprobung der Erdverkabelung dienen soll, haben sich die Netzbetreiber dazu entschieden, von der Erdverkabelungsoption bei der Realisierung des Vorhabens Gebrauch zu machen. So plant die TenneT TSO GmbH einen 3,1 km langen Erdkabelabschnitt auf Harener Stadtgebiet zwischen Dankern und Segberg.[11] Die Amprion GmbH hat sich außerdem dazu entschlossen, drei Teilabschnitte der Trasse, die nahe einer geschlossenen Wohnbebauung verlaufen, als Erdkabel zu realisieren. Zwei der drei Erdkabelabschnitte, die alle im Kreis Borken liegen, sind bereits fertiggestellt, einer davon befindet sich sogar schon im Probebetrieb.[12]

---

[7] Die weiteren Ausbauerfordernisse sollen an dieser Stelle nicht berücksichtigt werden.

[8] Auf die Besonderheit des Streckenverlaufs wird nachfolgend noch eingegangen. Siehe A., III., 3.

[9] Vgl. den entsprechenden Planfeststellungsbeschluss der Niedersächsischen Landesbehörde für Straßenbau und Verkehr, Nr. P221-05020-05St/14 v. 30.06.2017.

[10] Siehe die Information der BNetzA unter https://www.netzausbau.de/leitungsvorhaben/enlag/05/de.html (abgerufen am 10.03.2020).

[11] Vgl. https://www.tennet.eu/de/unser-netz/onshore-projekte-deutschland/doerpenwest-niederrhein/erdkabel/ (abgerufen am 10.03.2020).

[12] Vgl. https://www.amprion.net/Netzausbau/Aktuelle-Projekte/Wesel-Meppen/ (abgerufen am 10.03.2020).

3. Verschiebung des Anfangspunktes

Das EnLAG-Projekt Nr. 5 weist eine markante Besonderheit auf: Der ursprünglich vorgesehene Startpunkt des Vorhabens, der beim niedersächsischen Netzverknüpfungspunkt Diele liegen sollte, wurde während der Planungsphase aufgegeben und durch den ca. 17 km weiter südlich gelegenen Netzverknüpfungspunkt Dörpen West ersetzt. Dies hatte eine Verkürzung des ursprünglichen Projekts um die angegebenen ca. 17 km zur Folge, da somit der Trassenverlauf vorzeitig enden konnte. Diese Verschiebung erfolgte nicht willkürlich; vielmehr sprachen für die Modifikation unterschiedliche Gründe.[13] Man darf schon jetzt festhalten, dass der Gesetzgeber nachträglich das EnLAG entsprechend korrigiert hat;[14] er reagierte[15] dabei auf den noch näher zu untersuchenden Beschluss des BVerwG vom 12.09.2018.[16]

a) Genese der Projektdefinition

Um die Thematik voll zu erfassen, muss man zunächst die Hintergründe der konkreten Projektbezeichnung des EnLAG-Projekts Nr. 5 in der Anlage des EnLAG darlegen. Die Gesetzesmaterialien zum EnLAG verdeutlichen, dass sich der Gesetzgeber bei der Auswahl und der Benennung der einzelnen EnLAG-Vorhaben primär an einer Studie der Deutschen Energie-Agentur (dena) aus dem Jahr 2005 orientiert und sich die dort ermittelten Erkenntnisse zu eigen gemacht hat.[17]

So heißt es in den Gesetzesmaterialien zum EnLAG:[18]

„Die von der Deutschen Energie-Agentur GmbH (dena) in Auftrag gegebene Studie ‚Energiewirtschaftliche Planung für die Netzintegration von Windenergie in Deutschland an Land und Offshore bis zum Jahr 2020' vom 24. Februar 2005 (dena-Netzstudie I) untersuchte die Auswirkungen der fluktuierenden Windenergieeinspeisung und anderer erneuerbarer Energien auf das Höchstspannungsübertragungsnetz. Die Studie entwickelte eine umsetzungsorientierte Strategie für die Erhöhung des Anteils der erneuerbaren Energien an der Stromerzeugung in Deutschland bis zum Jahr 2020 auf 20 Prozent.

Die dena-Netzstudie I untersuchte im Detail Engpässe und Überlastungen im Höchstspannungsübertragungsnetz, die den sicheren Betrieb des Netzes gefährden würden.

---

[13] Siehe hierzu ausführlich die nachfolgenden Ausführungen unter A., III., 3., b).

[14] Vgl. Art. 4 des Gesetzes zur Beschleunigung des Energieleitungsausbaus v. 13.05.2019 (BGBl. I S. 706).

[15] Vgl. Gesetzentwurf der Bundesregierung vom 28.01.2019, BT-Drs. 19/7375, S. 27, 86.

[16] BVerwG, Beschl. v. 12.09.2018 – 4 A 13.17 –, NVwZ-RR 2019, S. 91.

[17] Deutsche Energie-Agentur, Energiewirtschaftliche Planung für die Netzintegration von Windenergie in Deutschland an Land und Offshore bis zum Jahr 2020 – Konzept für eine stufenweise Entwicklung des Stromnetzes in Deutschland zur Anbindung und Integration von Windkraftanlagen Onshore und Offshore unter Berücksichtigung der Erzeugungs- und Kraftwerksentwicklungen sowie der erforderlichen Regelleistung, 2005 (dena-Netzstudie I).

[18] Gesetzentwurf der Bundesregierung vom 07.10.2008, BT-Drs. 16/10491, S. 9ff.

Maßnahmen waren so zu entwickeln, dass die Versorgungssicherheit auf heutigem Niveau gewährleistet werden kann. Die konkreten Lastflussbilder, die identifizierten Netzengpässe sowie die hieraus abgeleiteten Netzausbaumaßnahmen können im Detail der dena-Netzstudie I entnommen werden.

Um erneuerbare Energien mit einem Anteil von 20 Prozent an der Stromversorgung optimal und ohne Beeinträchtigung des Netzbetriebs in das bestehende Netz zu integrieren, müssen im Höchstspannungsübertragungsnetz bis zum Jahr 2015 sechs neue Trassen zum Nord-Süd-Transport in Betrieb gehen (s. Nummer 1 bis 6 in nachfolgender Tabelle). Darüber hinaus sind Netzoptimierungsmaßnahmen wie der Bau von Querreglern, die Erweiterung bzw. Ertüchtigung von Schaltanlagen, die Bereitstellung von Anlagen zur Blindleistungskompensation, der Bau neuer Transformatoren vom 380 kV- zum 110 kV-Netz, die Umstellung bestimmter Stromkreise auf eine höhere Spannungsebene und die Verstärkung bestehender Trassen notwendig.

Im Einzelnen:

(...)
Nr. 5 Diele–Niederrhein
(...)

5. Verbindung Diele–Niederrhein:

Ohne die Trasse Diele–Niederrhein würden bei Ausfall des 380-kV-Stromkreises Diele–Hanekenfähr der 380-kV-Stromkreis Diele–Meppen, bei Ausfall des 380-kV-Stromkreises Dollern–Landesbergen der parallele Stromkreis oder bei Ausfall des 380-kV-Stromkreises Gronau–Hanekenfähr der 380-kV-Stromkreis Hanekenfähr–Roxel und der 380-kV-Stromkreis Roxel–Gersteinwerk überlastet."

b) Veränderte Rahmenbedingungen

Im Verlauf der Realisierung des EnLAG-Projekts Nr. 5 haben sich die Beurteilungsgrundlagen der im Jahr 2005 abgeschlossenen dena-Netzstudie I verändert. Obschon das Energieaufkommen aus dem Bereich der Offshore-Winderzeugung erhalten blieb, entschieden sich zwischenzeitlich unterschiedliche Kraftwerksentwickler, ihre Planungen zur Errichtung von Kraftwerksblöcken nicht mehr weiterzuverfolgen. Als Konsequenz war ein Leitungsausbau bis nach Diele technisch nicht mehr erforderlich. Der um ca. 17 km verkürzte Streckenbeginn in Dörpen West erwies sich vielmehr als ausreichend, um den erforderlichen Energiefluss vollumfänglich zu gewährleisten. Daher wurde im Rahmen der Planung des EnLAG-Projekts Nr. 5 der ursprünglich vorgesehene Startpunkt Diele durch den südlicher gelegenen Punkt Dörpen West ersetzt.[19] Dies versprach nicht nur, Projektkosten einzusparen, sondern erschien auch ökologisch sachgerecht, da mit der Verkürzung geringere Eingriffe in Natur und Landschaft verbunden zu sein schienen.

---

[19] Vgl. Planfeststellungsbeschluss der Niedersächsischen Landesbehörde für Straßenbau und Verkehr, Nr. P221-05020-05St/14 v. 30.06.2017, S. 81 f.; Landesplanerische Feststellung zum Vorhaben v. 23.01.2013, S. 8 f.

Bei der Interpretation, welche rechtlichen Auswirkungen diese Verkürzung des Ausgangsvorhabens nach sich ziehen würde, war man sich auf Seiten der Vorhabenträger und der Planfeststellungsbehörde einig. Die Beteiligten gingen davon aus, dass die Veränderung des Startpunktes eben *keine* Auswirkungen auf die EnLAG-Qualität des Vorhabens haben würde: Für sie handelte es sich weiterhin um das EnLAG-Projekt Nr. 5. Demgemäß attestierte (auf einen entsprechenden Antrag der Vorhabenträgerin hin) die Planfeststellungsbehörde in ihrem Planfeststellungsbeschluss zum Trassenabschnitt Dörpen West–Meppen:[20]

„Der Abschnitt Dörpen West – Meppen ist Teil des Neubaus der 380-kV-Höchstspannungsleitung Diele – Niederrhein und damit in den Bedarfsplan nach § 1 Abs. 1 EnLAG i. V. m. Nr. 5 der Anlage zum EnLAG aufgenommen.

Das Vorhaben Dörpen West – Niederrhein ist ein in der Länge verkürztes Vorhaben und dem ursprünglichen Vorhaben Diele – Niederrhein *gleich zu setzen*. Der Anschluss der Offshore-Windparks als einem der wesentlichen Gründe für das Vorhaben erfolgt statt in Diele nunmehr in Dörpen West; ein Leitungsneubau zwischen Diele und Dörpen kann deshalb entfallen. Stattdessen wurde die Bestandsleitung zwischen Diele und Dörpen West von der Vorhabenträgerin ertüchtigt."

III. Korrektur durch das BVerwG

1. Verbindlichkeit der gesetzlichen Bestimmung von Anfangs- und Endpunkt

Der Einschätzung der Beteiligten zu den Auswirkungen der Projektverkürzung ist das BVerwG in einem Beschluss vom 12.09.2018,[21] den ein Klageverfahren gegen den Planfeststellungsbeschluss der zuständigen niedersächsischen Behörde provoziert hatte, nicht gefolgt. Vielmehr stellte das Gericht die Maßgeblichkeit der Anfangs- und Endpunktfestlegung für die Definition des privilegierten Vorhabens heraus. Die von der Planfeststellungsbehörde und der Auftraggeberin als sachgerecht eingestufte Abweichung des Anfangsortes qualifizierte das Gericht nicht mehr als Konkretisierung oder bloße Modifikation der gesetzlichen Festlegung zum EnLAG-Projekt Nr. 5, sondern als Abweichung. Das streitgegenständliche Projekt sei ein *aliud* zum gesetzlich definierten EnLAG-Projekt Nr. 5. Dabei soll nach Ansicht des BVerwG unbeachtlich sein, ob das neu in den Blick genommene, verkürzte Energieleitungsprojekt dieselbe energiewirtschaftliche Funktion ausfüllen kann wie das EnLAG-Projekt Nr. 5 in seiner Ursprungsform – also mit einem Anfangspunkt in Diele. Im Einzelnen meinte das BVerwG:[22]

---

[20] Planfeststellungsbeschluss der Niedersächsischen Landesbehörde für Straßenbau und Verkehr, Nr. P221-05020-05St/14 v. 30.06.2017, S. 81. Hervorhebung nicht im Original.
[21] BVerwG, Beschl. v. 12.09.2018 – 4 A 13.17 –, NVwZ-RR 2019, S. 91.
[22] BVerwG, Beschl. v. 12.09.2018 – 4 A 13.17 –, NVwZ-RR 2019, S. 91 Rn. 4.

„Der Bedarfsplan zum Energieleitungsausbaugesetz bestimmt Vorhaben durch vier, ge-
legentlich fünf Merkmale: die technische Ausführung, den Anfangspunkt, den Endpunkt, die Nennspannung und – bei einigen Vorhaben – bestimmte Orte im Trassenverlauf oder die Gesamtstrecke. Der Neubau einer in Dörpen beginnenden Leitung zum
Niederrhein weicht hinsichtlich des Anfangspunktes von dem in den Bedarfsplan aufgenommenen Neubau einer Leitung von Diele zum Niederrhein ab. Auch wenn der Bedarfsplan zum Energieleitungsausbaugesetz mit der Bezeichnung eines Anfangspunktes
nicht den konkreten Standort von Anlagen und Betriebseinrichtungen festlegt, so werden die Vorhaben dennoch durch die Angabe der Netzverknüpfungspunkte verbindlich
definiert (so BT-Drs. 17/12638 S. 16 zum vergleichbaren § 1 Abs. 2 BBPlG). Daher beginnen und enden die Energieleitungen nach § 1 Abs. 5 EnLAG jeweils an den Netzverknüpfungspunkten, an denen sie mit dem bestehenden Übertragungsnetz verbunden
werden. Das Umspannwerk Dörpen ist aber ein anderer Netzverknüpfungspunkt als der
Ort Diele. Denn die beiden Orte sind so weit voneinander entfernt, dass es angesichts
der Planungsabschnitte des Gesamtvorhabens naheliegt, für diese Strecke ein weiteres
Planfeststellungsverfahren zu einem neuen Trassenabschnitt durchzuführen (vgl. https://
www.netzausbau.de/leitungsvorhaben/enlag/05/de.html?cms_vhTab=2). Dementsprechend ist die Entscheidung für einen Beginn der Leitung in Dörpen im Planfeststellungsbeschluss nicht von einer Abwägung verschiedener möglicher Standorte in einem
– wie auch immer abzugrenzenden – ‚Raum Diele‘ getragen. Die örtliche Abweichung
vom Bedarfsplan erweist sich damit nicht als bloße Modifikation oder Konkretisierung
eines Netzverknüpfungspunktes. Dass das Vorhaben – wie die Beklagte und die Beige-
ladene geltend machen – die gleichen energiewirtschaftlichen Ziele wie das Vorhaben
nach dem Bedarfsplan hat, genügt nicht: Denn die Festlegungen des Gesetzgebers dürfen nicht durch Mutmaßungen über seine Motive in Frage gestellt werden (BVerwG,
Urteil vom 21. März 1996 – 4 C 19.94 – BVerwGE 100, 370 <385> zum Straßenplanungsrecht).“

2. Die Rechtsposition der Vorhabengegner

In einem weiteren Abschnitt seines Urteils setzte sich der erkennende 4. Senat
(nochmals) eingehender mit der Frage auseinander, ob ein verkürzter Streckenverlauf – also quasi ein „Minus“ – gleichwohl noch als das gesetzgeberisch um-
schriebene Originalprojekt verstanden werden kann. Hierbei leiteten den Senat
auch Überlegungen zu den Wirkungen einer gesetzlichen Bedarfsfestlegung
gegenüber Vorhabengegnern: Sei es diesen unter Hinweis auf den gesetzgeberischen Willen prinzipiell versagt, Alternativen, Reduzierungen oder Verkürzun-
gen des Projekts einzufordern, könnten derartige Varianten auch nicht in das
Belieben anderer Personen – etwa von Vorhabenträger oder Planfeststellungsbehörde – gestellt sein. Letztgenannte seien ebenfalls an den gesetzgeberischen
Willen gebunden. Das BVerwG führte im Einzelnen aus:[23]

„Der Planfeststellungsbeschluss ordnet das Gesamtvorhaben der Nr. 5 der Anlage zum
Energieleitungsausbaugesetz zu, weil es sich um ein verkürztes Vorhaben und damit lediglich um ein Minus zu dem Vorhaben nach Nr. 5 der Anlage handele. Indes erstreckt

---

[23] BVerwG, Beschl. v. 12.09.2018 – 4 A 13.17 –, NVwZ-RR 2019, S. 91 Rn. 5.

sich die gesetzliche Feststellung der energiewirtschaftlichen Notwendigkeit und des vordringlichen Bedarfs nach § 1 Abs. 2 Satz 2 EnLAG auf die dort bezeichneten Vorhaben und nicht zugleich auf ähnliche, aber geringer dimensionierte: So schließt das Gesetz den Einwand Betroffener aus, ein im Bedarfsplan als ‚Neubau' bezeichnetes Vorhaben sei nicht erforderlich, weil seine Ziele durch eine weniger aufwändige technische Ausführung, etwa eine Umrüstung oder Zubeseilung, ebenso erreicht werden könnten (BVerwG, Urteile vom 18. Juli 2013 – 7 A 4.12 – BVerwGE 147, 184 Rn. 39 und vom 21. Januar 2016 – 4 A 5.14 – BVerwGE 154, 73 Rn. 52 f). In gleicher Weise schließt die gesetzliche Benennung der Netzverknüpfungspunkte den Einwand aus, ein bestimmtes Vorhaben sei entgegen § 1 Abs. 2 Satz 2 EnLAG nicht erforderlich, weil seine Ziele durch eine kürzere Leitung ebenso erreicht werden könnten. Wenn aber die Betroffenen einer gesetzlichen Bedarfsfestlegung nicht die Möglichkeit eines als ‚Minus' einzuordnenden Vorhabens entgegenhalten können, so kann sich der Vorhabenträger seinerseits für ein ‚Minus' nicht auf die gesetzliche Bedarfsfestlegung berufen. Ein solches ‚Minus' mag im Übrigen zwar in der Summe weniger entgegenstehende Belange betreffen, kann aber gleichwohl einzelne Betroffene schwerer oder jedenfalls anders belasten."

3. Der Vergleich zum Straßenrecht

Auch aus dem Vergleich zu anderen Rechtsgebieten, die mit einer Bedarfsplanung arbeiten, ergab sich aus Sicht des BVerwG keine abweichende Wertung. Das Straßenplanungsrecht etwa kenne zwar die Abweichung vom Streckenverlauf, behandle aber die als Start- und Endpunkt genannten Netzverknüpfungspunkte ebenfalls als verbindlich. Der 4. Senat stellte hierzu ausdrücklich fest:[24]

„Abweichendes folgt nicht aus der Rechtsprechung zum Straßenplanungsrecht. Danach gehören zur Bedarfsplanung die Netzverknüpfung und die Dimensionierung, während hinsichtlich aller anderen Aspekte die Konkretisierung Sache der nachfolgenden Planungsstufen ist (BVerwG, Urteil vom 8. Januar 2014 – 9 A 4.13 – BVerwGE 149, 31 Rn. 32). Dies gilt insbesondere für den Verlauf einer Trasse, der von den zeichnerischen Darstellungen des Bedarfsplans abweichen kann (BVerwG, Urteile vom 12. Dezember 1996 – 4 C 29.94 – BVerwGE 102, 331 <344>, vom 20. Mai 1999 – 4 A 12.98 – NVwZ 2000, 555 <557> § 17 FStrG Nr. 154 und vom 15. Januar 2004 – 4 A 11.02 – Buchholz 451.91 Europ. UmweltR Nr. 12 S. 59; Beschluss vom 5. Dezember 2008 – 9 B 28.08 – NVwZ 2009, 320 Rn. 23). Das Energieleitungsausbaugesetz enthält indes keine zeichnerischen Darstellungen des Trassenverlaufs, sondern beschränkt sich in Nr. 5 in örtlicher Hinsicht auf die – auch im Straßenplanungsrecht – verbindliche Benennung der Netzverknüpfungspunkte und in sachlicher Hinsicht auf die Verwirklichung als Neubau mit einer bestimmten Nennspannung."

4. Verbleibende Realisierungschance

Die Auswirkungen auf das Einzelvorhaben sind sicherlich gravierend. Dennoch stellte das BVerwG klar, dass das streitgegenständliche Projekt, das zwischen den Punkten Dörpen und Niederrhein verwirklicht werden sollte, nicht zwangsläufig unzulässig sein müsste. Dabei stellte das Gericht allerdings allein

---

[24] BVerwG, Beschl. v. 12.09.2018 – 4 A 13.17 –, NVwZ-RR 2019, S. 91 Rn. 6.

auf den Nachweis der im Planfeststellungsverfahren geforderten Planrechtfertigung ab, die sich insbesondere an dem Bedarf an einer Projektverwirklichung
orientiert.[25] Die weiteren Auswirkungen, welche die Aberkennung des En
LAG-Status nach sich ziehen, wie etwa der Verlust der Möglichkeit einer Erdverkabelung von Teilstrecken als Pilotvorhaben,[26] blieben beim 4. Senat unreflektiert. Demgemäß meinte das BVerwG:[27]

„Klarstellend weist der Senat darauf hin, dass das Fehlen der gesetzlichen Bedarfsfeststellung nicht zum Scheitern eines Vorhabens führen muss. In einem solchen Fall bedarf
es der Prüfung, ob ein Vorhaben gemessen an den Zielen des zugrunde liegenden Fachplanungsgesetzes vernünftigerweise geboten ist (BVerwG, Urteil vom 17. Dezember
2013 – 4 A 1.13 – BVerwGE 148, 353 Rn. 45). Denn die gesetzliche Bedarfsfeststellung hat
nicht zum Inhalt, dass alle von ihr abweichenden Varianten nicht den Zielsetzungen des
Energiewirtschaftsgesetzes entsprechen und daher ausgeschlossen sind (vgl. für das
Straßenplanungsrecht BVerwG, Urteil vom 8. Januar 2014 – 9 A 4.13 – BVerwGE 149, 31
Rn. 31)."

5. Ausnahmecharakter der erstinstanzlichen Zuständigkeit des BVerwG

Abschließend rechtfertigte das BVerwG seine strikte (formale) Haltung mit der
Anordnung des § 1 Abs. 3 EnLAG, der die erstinstanzliche Zuständigkeit des
Gerichts nach § 50 Abs. 1 Nr. 6 VwGO anordnet. Der Ausnahmecharakter dieser Regelung streite für eine enge Anwendung des EnLAG und seiner projekthaften Bezugspunkte. Um das nunmehr verkürzte Vorhaben von Dörpen nach
Niederrhein zu „retten", sei es somit erforderlich, dass der Gesetzgeber die Anlage zum EnLAG ändere.[28] Dass dies die Mühen eines Gesetzgebungsverfahrens erfordere, sei dabei systemimmanent und folge aus der Entscheidung des
Gesetzgebers, durch die Rechtsform des Gesetzes den Bedarf an Energieleitungen festzuschreiben;[29] ein anderes Ergebnis der Rechtsprechung begründe dies
aber nicht. Im Einzelnen stellte das BVerwG hierzu fest:[30]

---

[25] BVerwG, Urt. v. 08.07.1998 – 11 A 53/97 – BVerwGE 107, S. 142 (145); BVerwG, Urt. v.
16.03.2006 – 4 A 1075/04 – BVerwGE 125, S. 116 (177f.); BVerwG, Urt. v. 09.11.2006 – 4 A
2001/06 – BVerwGE 127, S. 95 (102f.); *Neumann/Külpmann*, in: Stelkens/Bonk/Sachs, VwVfG,
2018, § 74 Rn. 36.

[26] Vgl. § 2 Abs. 1 S. 1 Nr. 2 i. V. m. Abs. 2 EnLAG. Siehe dazu auch *Kment*, Streitfragen der
Erdverkabelung – Gesetzliche Zielsetzung und Anwendung des § 2 EnLAG und § 4 BBPlG,
2017, S. 41 ff.

[27] BVerwG, Beschl. v. 12.09.2018 – 4 A 13.17 –, NVwZ-RR 2019, S. 91 Rn. 7.

[28] So auch *Külpmann*, Gesetzliche Bezeichnung von Höchstspannungsleitungen, JurisPR-
BVerwG 1/2019 Anm. 4.

[29] Der Gesetzgeber hat diesen Hinweis des Gerichts ernst genommen (vgl. Gesetzentwurf
der Bundesregierung v. 28.01.2019, BT-Drs. 19/7375, S. 27, 86) und im Nachgang zum Beschluss des BVerwG das EnLAG entsprechend geändert; siehe Art. 4 des Gesetzes zur Beschleunigung des Energieleitungsausbaus v. 13.05.2019 (BGBl. I S. 706).

[30] BVerwG, Beschl. v. 12.09.2018 – 4 A 13.17 –, NVwZ-RR 2019, S. 91 Rn. 8.

„Eine formale Sichtweise des Bedarfsplans trägt schließlich dem verfassungsrechtlich gebotenen Ausnahmecharakter des § 50 Abs. 1 Nr. 6 VwGO Rechnung (vgl. BVerwG, Urteil vom 9. Juli 2008 – 9 A 14.07 – BVerwGE 131, 274 Rn. 32): Bei der Zuweisung von Einzelprojekten in die erstinstanzliche Zuständigkeit des Bundesverwaltungsgerichts steht dem Gesetzgeber zwar ein weiter Einschätzungsspielraum zu, die Zuweisung jedes Einzelprojekts muss aber von ausreichend tragfähigen Gründen gerechtfertigt sein (BVerwG, Beschluss vom 26. September 2013 – 4 VR 1.13 – NuR 2013, 800 Rn. 11). Es obliegt dem parlamentarischen Gesetzgeber zu entscheiden, ob er den Neubau einer Leitung von Dörpen an den Niederrhein in den Bedarfsplan nach dem Energieleitungsausbaugesetz aufnimmt. Eine solche Entscheidung hat er nicht getroffen, obwohl dieser Bedarfsplan bereits mehrfach geändert worden ist (vgl. Art. 3 des Gesetzes vom 23. Juli 2013 – BGBl. I S. 2543 – und Art. 5 Nr. 3 des Gesetzes vom 21. Dezember 2015 – BGBl. I S. 2490). Die Durchführung eines förmlichen Gesetzgebungsverfahrens mag insoweit aufwändig erscheinen, beruht aber auf der Entscheidung des Gesetzgebers, im Energieleitungsausbaugesetz Sonderregeln für einzelne Vorhaben zu treffen.“

IV. Gesetzänderung

Nach diesen Aussagen des BVerwG[31] lag der Ball im Spielfeld des Gesetzgebers. Dieser hatte nun darüber zu befinden, ob er durch eine Änderung des EnLAG die Sonderstellung des ursprünglichen EnLAG-Vorhabens Nr. 5 den tatsächlichen Veränderungen anpassen wollte oder das Projekt anderenfalls möglicherweise in juristische Schieflage kommen würde.

Der Bundesgesetzgeber hat sich für ein korrigierendes legislatives Tätigwerden entschieden. Mit Art. 4 des Gesetzes zur Beschleunigung des Energieleitungsausbaus[32] hat er den Streckenverlauf des EnLAG-Projekts Nr. 5 modifiziert und den Anfangspunkt Diele den neuen Erfordernissen entsprechend durch Dörpen West ersetzt. Dies betrifft nicht nur die Vorhabenbezeichnung in der Anlage zum EnLAG, sondern auch die Regelung des § 2 Abs. 1 S. 1 Nr. 2 EnLAG, welche die Gruppe der Pilotprojekte festlegt, bei denen der Einsatz der Erdverkabelung zu Testzwecken in Betracht kommt.[33]

V. Problemstellung

Man könnte den Eindruck gewinnen, mit der Änderung des EnLAG sei die Problematik um Abweichungen der Verläufe von privilegierten Energieleitungen gegenüber den zuvor gesetzlich definierten Anfangs- und/oder Endpunkten aus der Welt. Hat die Änderung des EnLAG nicht die Handlungsfähigkeit des Gesetzgebers bewiesen und damit eine Kernthese des BVerwG bestätigt?

---

[31] Siehe die obigen Ausführungen unter A., III., 5.
[32] Gesetz v. 13.05.2019 (BGBl. I S. 706).
[33] *Ohms/Weiss*, in: Säcker (Hrsg.), Energierecht, 2018, § 2 EnLAG Rn. 17.

Dies mag sicherlich für das EnLAG-Vorhaben Nr. 5 gelten. Ob sich dieser Verlauf jedoch auf weitere, bislang noch nicht realisierte Ausbauvorhaben übertragen lässt, darf jedoch bezweifelt werden.

Zunächst ist zu berücksichtigen, dass die Anpassung des EnLAG an die konkreten Bedürfnisse der Verbindung zwischen Dörpen West und dem Netzverknüpfungspunkt Niederrhein zeitlich unter einem besonders „guten Stern" stand. Sie fiel in einen Zeitraum, in dem der nationale Gesetzgeber ohnehin eine Anpassung des Rechts zum Energieleitungsausbau anstrebte. Eine solch glückliche Lage darf man aber sicherlich in Zukunft nicht immer erwarten. Die in einer erzwungenen Gesetzesänderung typischerweise angelegte Verzögerung passt wenig zum Beschleunigungswunsch, der von allen Beteiligten des deutschen Netzausbaus so einvernehmlich geteilt wird.

Führt man sich die schwerwiegenden Folgewirkungen der Nichtanerkennung des EnLAG-Projekt-Status, die weit über die hierdurch ausgelöste Notwendigkeit einer Planrechtfertigung für das Projekt hinausgehen,[34] vor Augen, drängt sich die Frage auf, ob tatsächlich jede Abweichung des Trassenverlaufs eine legislative Korrekturmaßnahme erzwingt. Das BVerwG scheint zu differenzieren. Es sieht die Möglichkeit für eine „bloße Modifikation oder Konkretisierung eines Netzverknüpfungspunktes",[35] die nach seiner Ansicht eine Projektprivilegierung unberührt lassen kann. Doch unter welchen Bedingungen darf man noch von einer solchen zulässigen und vom EnLAG bzw. BBPlG gedeckten bloßen Modifikation oder Konkretisierung ausgehen? Wann schlägt sie um in das befürchtete, nicht mehr privilegierte *aliud*?

Des Weiteren hat die Planung und bisherige Teilverwirklichung des EnLAG-Projekts Nr. 5 deutlich vor Augen geführt, dass während der Verwirklichung eines privilegierten Projekts Umstände eintreten oder offenbar werden können, die es erforderlich machen, einen abweichenden Verlauf eines Netzausbauprojekts zu wählen und hierbei unter anderem von den im EnLAG oder BBPlG genannten Netzverknüpfungspunkten abzuweichen. Daher soll außerdem untersucht werden, unter welchen Bedingungen und innerhalb welcher Grenzen ein Gesetzgeber – quasi präventiv – in der Lage ist, Bedarfspläne derart flexibel auszugestalten, dass räumliche Abweichungen bzw. Anpassungen möglich sind. Dafür sollen insbesondere zwei Modelle näher betrachtet werden: die Definition eines abstrakten räumlichen Abweichungsradius (1)[36] und die Ausgestaltung der privilegierten Projekte über Räume (2). Sofern es relevant ist, sollen hierbei neben planerischen Problemen auch verfassungsrechtliche Aspekte beleuchtet werden. Dazu wird sicherlich auch die Frage zu zählen sein, ob der Gesetzgeber die Zuständigkeitszuweisung zum BVerwG, die mit der Ausge-

---

[34] Siehe hierzu auch nachfolgend unter B., III.
[35] BVerwG, Beschl. v. 12.09.2018 – 4 A 13.17 –, NVwZ-RR 2019, S. 91 Rn. 4.
[36] Dieses Modell wird nachfolgend in zwei Varianten behandelt; vgl. C., III., 2. und 3.

staltung von EnLAG und BBPlG eng verbunden ist, beliebig vornehmen kann. Das BVerwG hat diesen Themenkreis in seinem Beschluss vom September 2018 ausdrücklich in Bezug genommen und damit seine Relevanz aufgezeigt.[37]

---

[37] BVerwG, Beschl. v. 12.09.2018 – 4 A 13.17 –, NVwZ-RR 2019, S. 91 Rn. 8.

B. Besondere Energieleitungen

I. EnLAG-Vorhaben

1. Rahmenbedingungen

Nachdem sich die Bundesregierung im Jahr 2007 dazu entschlossen hatte, ein „Integriertes Energie- und Klimaprogramm" (IEKP) zu verfolgen, stellte sich auch die Frage nach der Ertüchtigung des Ausbaus der Energieleitungen. Denn schon zu diesem Zeitpunkt war deutlich, dass eine dauerhafte Sicherung der Versorgungssicherheit in Deutschland zusätzliche Anstrengungen bei der Netzinfrastruktur erfordern würde. Dieses Bedürfnis ergab sich nicht nur, weil erneuerbare Energien in das bestehende Gefüge der Energieerzeugung und des Energietransports integriert werden mussten.[1] Hinzu kam das Bedürfnis, einen europäischen Energieaustausch zu ermöglichen.[2]

Da der Gesetzgeber bereits zu diesem Zeitpunkt die lange Dauer der erforderlichen Planfeststellungsverfahren für zu schleppend erachtete, entschied er sich, für bestimmte Vorhaben Sonderregeln zu erlassen. Das Gesetz zum Ausbau von Energieleitungen vom 21.08.2009[3] hat diese Regeln in sich aufgenommen.

2. Entstehung des Energieleitungsausbaugesetzes und spätere Anpassungen der ausgewiesenen Projekte

Wie bereits zuvor dargestellt,[4] hat sich der Gesetzgeber beim Erlass des EnLAG im Wesentlichen an einer Studie der Deutschen Energie-Agentur (dena) aus dem Jahr 2005 orientiert und sich die dort ermittelten Erkenntnisse zu eigen gemacht.[5] Auf Grundlage dieser Studie hat er einzelne Ausbau- und Netzertüchtigungsprojekte herausgegriffen und diese in einer Anlage zum EnLAG zusammengeführt (dies betrifft die Projekte Nr. 1–8, 10).[6] Überdies hat der Gesetz-

---

[1] *Ohms/Weiss*, in: Säcker (Hrsg.), Energierecht, 2018, Vorb. EnLAG Rn. 1.

[2] BT-Drs. 16/10491, S. 9.

[3] BGBl. I, S. 2870.

[4] Siehe die obigen Ausführungen unter A., II., 3., a).

[5] Deutsche Energie-Agentur, Energiewirtschaftliche Planung für die Netzintegration von Windenergie in Deutschland an Land und Offshore bis zum Jahr 2020 – Konzept für eine stufenweise Entwicklung des Stromnetzes in Deutschland zur Anbindung und Integration von Windkraftanlagen Onshore und Offshore unter Berücksichtigung der Erzeugungs- und Kraftwerksentwicklungen sowie der erforderlichen Regelleistung, 2005 (dena-Netzstudie I).

[6] BT-Drs. 16/10491, S. 17.

geber auf die TEN-E-Leitlinien[7] der Europäischen Union Rücksicht genommen und den in den TEN-E-Leitlinien benannten Vorhaben im nationalen Recht zur besseren Durchsetzung verholfen (dies betrifft die Projekte Nr. 1, 3, 4, 9, 12).[8] Schließlich hat man sich sonstiger besonders drängender Energieleitungsfragen angenommen und weitere Vorhaben in das EnLAG integriert.[9] Alle erwähnten, ausgewählten 24 Projekte erachtete der Gesetzgeber als besonders bedeutsam, um den Infrastrukturinteressen der Bundesrepublik Deutschland gerecht zu werden. Die Gesetzesmaterialien erläutern, weshalb aus Sicht des Gesetzgebers diese einzeln aufgeführten Vorhaben als besonders wichtig eingestuft wurden.[10]

Die ursprüngliche Liste der 24 EnLAG-Projekte ist in der Folge mehrfach geändert worden. So wurde mit Art. 3 des Zweiten Gesetzes über Maßnahmen zur Beschleunigung des Netzausbaus Elektrizitätsnetze vom 23.07.2013[11] Nr. 22 aus der Liste der privilegierten Vorhaben gestrichen. Eine weitere Verkleinerung folgte durch Art. 5 des Gesetzes zur Änderung von Bestimmungen des Rechts des Energieleitungsbaus vom 21.12.2015.[12] In letztgenanntem Fall trennte sich der Gesetzgeber von Projekt Nr. 24, da der energiewirtschaftliche Bedarf für den Neubau der Leitung Bünzwangen – Lindach und die Umrüstung der Leitung Lindach – Goldshöfe durch Topologieänderungen in der betroffenen Netzregion entfallen war.[13]

3. Gesetzgebungskompetenz

Mit Erlass des Energieleitungsausbaugesetzes (EnLAG) hat der Bundesgesetzgeber von der konkurrierenden Gesetzgebungsbefugnis des Art. 74 Abs. 1 Nr. 11 GG Gebrauch gemacht.[14] Das Gesetzeswerk erfüllt außerdem die Anforderungen der Erforderlichkeitsklausel des Art. 72 Abs. 2 GG.[15] Ungeachtet der

---

[7] Vgl. dazu die Entscheidung Nr. 1364/2006/EG des Europäischen Parlaments und des Rates v. 06.09.2006 zur Festlegung von Leitlinien für die transeuropäischen Energienetze.

[8] BT-Drs. 16/10491, S. 11 ff.

[9] BT-Drs. 16/10491, S. 17 f.

[10] BT-Drs. 16/10491, S. 10 ff.

[11] BGBl. I S. 2543; 2014 I S. 148, 271.

[12] BGBl. I S. 2490.

[13] BT-Drs. 18/6909, S. 39.

[14] *Weisensee*, Erdkabel oder Freileitung – Was will der Gesetzgeber?, ER 2016, S. 68 (69); *Schiller*, Die Pflicht zur Erdverkabelung von Hochspannungsleitungen nach § 43h EnWG, RdE 2012, S. 423 (423); *Rufin*, Fortentwicklung des Rechts der Energiewirtschaft – für mehr Wettbewerb und eine nachhaltige Energieversorgung in Deutschland?, ZUR 2009, S. 66 (72); *Lecheler*, Neue Rechtsvorschriften zur – teilweisen – Erdverkabelung von Höchstspannungsleitungen, RdE 2010, S. 41 (44); *Appel*, Künftiger Erdkabeleinsatz beim Stromnetzausbau, NVwZ 2016, S. 1516 (1517); *de Witt/Kause*, Erdkabel vs. Freileitung, RdE 2012, S. 328 (331).

[15] So auch *Lecheler*, Neue Rechtsvorschriften zur – teilweisen – Erdverkabelung von Höchstspannungsleitungen, RdE 2010, S. 41 (44); a. A. *Schulte/Apel*, Die Kompetenz zur Regelung des Energieleitungsbaus mittels Erdkabelsystemen, DVBl. 2011, S. 862 (868 f.). Siehe zu

gesetzlichen Begründung[16] lässt sich dies daraus herleiten, dass die im EnLAG aufgeführten Vorhaben zentrale Bedeutung für die Stromversorgung in ganz Deutschland besitzen.[17] Außerdem werden einige der dort aufgenommenen Pilotprojekte Erkenntnisse liefern, die bundesweit auch für andere Vorhaben Fortschritte erbringen werden. Dieser Umstand hatte es auch gerechtfertigt, die bei der Verwirklichung der Erdkabelvorhaben anfallenden Mehrkosten auf alle Energienetzbetreiber umfassend umzulegen.[18] Folglich müssen für die EnLAG-Vorhaben bundeseinheitliche Rahmenbedingungen geschaffen werden, um den Regelungserfolg nicht unnötig zu gefährden.

4. Inhalte

Das EnLAG ist im Wesentlichen darauf gerichtet, den in seinem Anhang aufgeführten 22 Vorhaben Erleichterungen hinsichtlich ihrer Verwirklichungen zu verschaffen. Zentral ist die in § 1 EnLAG angeordnete Feststellung des vordringlichen Bedarfs an der Verwirklichung dieser Vorhaben, welche zugleich die Planrechtfertigung für die Vorhaben in möglichen Planfeststellungsverfahren liefert; vgl. § 1 Abs. 2 EnLAG. Überdies wird die Vereinbarkeit der Projekte mit § 1 EnWG angeordnet. Dies war notwendig, um insbesondere für die in § 2 EnLAG vorgesehenen Erdkabelprojekte keine Divergenz zu den Zielen des Energiewirtschaftsrechts aufkommen zu lassen. So werden die EnLAG-Vorhaben davon befreit, sich als möglichst sichere, preisgünstige, verbraucherfreundliche, effiziente und umweltverträgliche Projekte im Sinne des § 1 Abs. 1 EnWG erweisen zu müssen.[19]

Des Weiteren legt der Gesetzgeber in § 2 EnLAG Regeln zur Erdverkabelung als technische Ausführungsart einzelner Projekte fest; es gibt also insofern auch eine gesetzliche Binnendifferenzierung hinsichtlich der 22 EnLAG-Projekte (Erdkabel *v.* Freileitung): Der Gesetzgeber räumt den Vorhabenträgern in § 2 Abs. 1 EnLAG für sechs der 22 Projekte die Möglichkeit der Erdverkabelung ein. Überdies soll gem. § 2 Abs. 2 EnLAG im Falle des Neubaus von Netzleitungen die für die Zulassung des Vorhabens zuständige Behörde das Recht haben, bei den besonderen, in § 2 Abs. 1 EnLAG aufgeführten Vorhaben verlangen zu können, dass die Höchstspannungsleitung auf technisch und wirtschaftlich ef-

Einzelheiten dieses Kriteriums BVerfG, Urt. v. 24.10.2002 – 2 BvF 1/01 –, BVerfGE 106, S. 62 (135 ff.); *Kment*, in: Jarass/Pieroth, GG, 2020, Art. 72 Rn. 15 ff.

[16] BT-Drs. 16/10491, S. 15.

[17] Siehe hierzu bereits die obigen Ausführungen unter B., I., 1.

[18] *Schirmer*, Das Gesetz zur Beschleunigung des Ausbaus der Höchstspannungsnetze, DVBl. 2010, S. 1349 (1354); *de Witt/König*, Endverkabelungskosten in Übertragungs- und Verteilernetzen, DVBl. 2013, S. 955 (960); *Kment*, Streitfragen der Erdverkabelung – Gesetzliche Zielsetzung und Anwendung des § 2 EnLAG und § 4 BBPlG, 2017, S. 21.

[19] *Kment*, Streitfragen der Erdverkabelung – Gesetzliche Zielsetzung und Anwendung des § 2 EnLAG und § 4 BBPlG, 2017, S. 21, 63; *Ohms/Weiss*, in: Säcker (Hrsg.), Energierecht, 2018, § 1 EnLAG Rn. 45.

fizienten Teilabschnitten als Erdkabel errichtet und betrieben wird.[20] Weitere
Einzelheiten sind hier nicht relevant.

II. Vorhaben nach dem Gesetz über den Bundesbedarfsplan

1. Einbettung der Bundesbedarfsplanung in einen mehrstufigen Planungsprozess

Der Gesetzgeber hat sich dazu entschlossen, parallel zum EnLAG den Ausbau-
bedarf an Energieleitungen teilweise in einem zweiten Gesetzeswerk gesetzlich
festzuschreiben. Dieses Gesetz über den Bundesbedarfsplan (BBPlG)[21] ist sys-
tematisch in die stufenweise Ermittlung des Ausbaubedarfs der deutschen
Übertragungsnetze nach den §§ 12a ff EnWG eingebunden.[22] Dort greifen drei
Planungsphasen – der Szenariorahmen, der Netzentwicklungsplan und der
Bundesbedarfsplan – ineinander,[23] wobei das BBPlG in sich den am Ende des
Planungsprozesses als Gesetz erlassenen Bundesbedarfsplan trägt.[24]

a) Szenariorahmen

Im Erarbeitungsprozess des Ausbau- und Ertüchtigungsbedarfs der Übertragungsnetze steht an erster Stelle der Entwurf des Szenariorahmens, der von den
Übertragungsnetzbetreibern im zweijährlichen Rhythmus nach Maßgabe des
§ 12a Abs. 1 S. 1 EnWG kooperativ entwickelt wird.[25] Er dient im weiteren Verlauf der Aufstellung des Netzentwicklungsplans nach § 12b EnWG wie auch der
Aufstellung des Offshore-Netzentwicklungsplans nach § 17b EnWG. Der Szenariorahmen hat gemäß § 12a Abs. 1 S. 2 EnWG mindestens drei Entwicklungs-
pfade (sog. Szenarien) zu umfassen, die zum Teil unterschiedliche Zeiträume
abdecken.[26] Inhaltlich müssen die Szenarien die Bandbreite der wahrscheinlichen Entwicklungen der leitungsbezogenen Energieinfrastruktur nachzeich-
nen, wobei die Zielsetzung der mittel- und langfristigen energiepolitischen Zie-

---

[20] Siehe zu Einzelheiten *Kment*, Streitfragen der Erdverkabelung – Gesetzliche Zielsetzung und Anwendung des § 2 EnLAG und § 4 BBPlG, 2017, S. 34 ff.

[21] Gesetz v. 21.08.2009 (BGBl. I S. 2870), zul. geändert durch Art. 4 des Gesetzes v. 13.05.
2019 (BGBl. I S. 706).

[22] *Rubel*, Aktuelle Probleme bei der Planfeststellung von Höchstspannungsleistungen,
DVBl. 2017, S. 585 (585).

[23] *Posser*, in: Kment (Hrsg.), EnWG, 2019, § 12a Rn. 8; *Fest*, Der Netzausbau im Recht der
Energiewende, NVwZ 2013, S. 824 (826 ff.); *Sellner/Fellenberg*, Atomausstieg und Energiewende 2011 – das Gesetzespaket im Überblick, NVwZ S. 2011, 1025 (1030).

[24] *Posser*, in: Kment (Hrsg.), EnWG, 2019, § 12e Rn. 21.

[25] *Leidinger*, Die Gesetzesnovellen zum Energieleitungsbau: Neue Rahmenbedingungen
für Netzentwicklungsplanung und Einsatz von Erdkabeltechnik, NuR 2016, S. 585 (587).

[26] *Kober*, in: Danner/Theobald (Hrsg.), Energierecht, Stand 2019, § 12a EnWG Rn. 8;
Heimann, in: Steinbach/Franke (Hrsg.), Kommentar zum Netzausbau, 2017, § 12a Rn. 18; a. A.
Grigoleit/Weisensee, Das neue Planungsrecht für Elektrizitätsnetze, UPR 2011, S. 401 (401).

le der Bundesregierung zugrunde gelegt wird.[27] Dies schließt zum einen aus, dass die Berücksichtigung von politischen Zielen sonstiger Interessengruppen maßgeblich Bedeutung gewinnt, und erlaubt zum anderen, dass die mit den Szenariorahmen angestoßenen Planungsprozesse politisch determiniert sind.[28] Der Szenariorahmen wird also nicht kraft eigener Machtvollkommenheit der Übertragungsnetzbetreiber erstellt, sondern muss sich an den politischen Zielen der Bundesregierung orientieren.[29] Dies schließt es nach § 12a Abs. 1 S. 4 EnWG nicht aus, auch Entwicklungen auf der europäischen Ebene einzubeziehen; die Verordnung (EU) Nr. 347/2013[30] zu den Leitlinien für die transeuropäische Energieinfrastruktur erzwingt dies sogar.[31]

Abgesehen von diesen Rahmenbedingungen sollen die Szenarien eine zukünftige Situation beschreiben, um so die Entwicklung von heute bis in die Zukunft aufzuzeigen.[32] Dies setzt eine gesicherte Faktenlage voraus, um zu einer hinreichend wahrscheinlichen Prognose zu gelangen.[33] Ob der Blick in die Zukunft einen Entscheidungsspielraum zugunsten der Übertragungsnetzbetreiber oder der Bundesnetzagentur, die den Szenariorahmen nach § 12a Abs. 3 S. 1 EnWG genehmigen muss, eröffnet, wird unterschiedlich beurteilt.[34] Gesichert ist aber, dass bei der Entscheidungsfindung die Ergebnisse der Öffentlichkeitsbeteiligung nach § 12a Abs. 2 S. 2 EnWG zu berücksichtigen sind.[35] Schließlich muss der Szenariorahmen von der BNetzA gem. § 12a Abs. 3 EnWG genehmigt werden.

b) Netzentwicklungsplan

Auf dem Szenariorahmen aufbauend entwickeln die Netzbetreiber alle zwei Jahre in einem kooperativen Prozess gemäß § 12b Abs. 1 S. 1 EnWG einen Entwurf des Netzentwicklungsplans. Dabei werden die drei unterschiedlichen Szenarien zu einem Planwerk zusammengeführt, wobei sich in der Regel nicht

---

[27] *Posser,* in: Kment (Hrsg.), EnWG, 2019, § 12a Rn. 25 ff.; *Ruge,* Netzentwicklungsplan Strom, EnWZ 2015, S. 497 (498); *Hermes,* in: Schneider/Theobald (Hrsg.), Recht der Energiewirtschaft, 2013, § 7 Rn. 66; *Guckelberger,* Öffentlichkeit und Netzausbau – zwischen Verfahrenspartizipation und Gewinnbeteiligung, in: Kment (Hrsg.), Netzausbau zugunsten erneuerbarer Energien, 2013, S. 59 (66).

[28] *Leidinger,* in: Posser/Faßbender (Hrsg.), Praxishandbuch Netzplanung und Netzausbau, 2013, S. 91.

[29] *Posser,* in: Kment (Hrsg.), EnWG, 2019, § 12a Rn. 27.

[30] ABl. EU 2013, Nr. L 115, S. 39.

[31] Siehe dazu *Giesberts/Tiedge,* Die Verordnung zu Leitlinien für die transeuropäische Energieinfrastruktur, NVwZ 2013, S. 836 ff.; *Vogt/Maaß,* Leitlinien für die transeuropäische Energieinfrastruktur – Netzausbau die Zweite, RdE 2013, S. 151 ff.

[32] *Leidinger,* in: Posser/Faßbender (Hrsg.), Praxishandbuch Netzplanung und Netzausbau, 2013, S. 91.

[33] *Bourwig,* in: Britz/Hellermann/Hermes (Hrsg.), EnWG, 2015, § 12a Rn. 17 f.

[34] *Posser,* in: Kment (Hrsg.), EnWG, 2019, § 12a Rn. 29.

[35] *Elspaß/Heinrich,* in: Rosin u. a., EnWG, Stand 2018, § 12a Rn. 24.

ein Szenario durchsetzt, sondern gerade die Schnittmengen der Szenarien besondere Bedeutung gewinnen.[36] Die BNetzA bestätigt nach § 12c EnWG den Entwurf der Netzbetreiber unter Beteiligung der Öffentlichkeit und der in ihrem Aufgabenbereich berührten Behörden. Durch die Bestätigung der BNetzA wird der Netzentwicklungsplan verbindlich und bildet den Investitionsrahmen für den weiteren Stromausbau.[37] Inhaltlich gibt der Netzentwicklungsplan Auskunft über alle wirksamen Maßnahmen zur bedarfsgerechten Optimierung, Verstärkung und zum Ausbau der Netze, die in den nächsten Jahren – insbesondere mit Blick auf die Zunahmen erneuerbarer Energien – für einen sicheren und zuverlässigen Netzbetrieb erforderlich sind.[38] Außerdem gibt er darüber Aufschluss, zu welchen Ergebnissen der Einsatz von neuen Technologien als Pilotprojekte gekommen ist und wie die technische Durchführbarkeit und Wirtschaftlichkeit dieser Vorhaben zu bewerten ist.[39]

c) Abschließender Bundesbedarfsplan – Autonome gesetzgeberische Entscheidung

An letzter Stelle – nach Szenariorahmen und Netzentwicklungsplan – folgt der Bundesbedarfsplan nach § 12e EnWG. Er wird vom Bundesgesetzgeber erlassen.[40] Der Bundesbedarfsplan fußt zwar auf den beiden vorgelagerten Planwerken. Aufgrund der Souveränität des Parlaments ist der Gesetzgeber aber an keine planerischen Vorgaben gebunden.[41]

2. Gesetzgebungskompetenz und Gesetzgebungsverfahren

Als Bundesgesetz muss der Bundesbedarfsplan denselben Anforderungen entsprechen, wie sie an jedes andere Gesetz auch gerichtet werden. Hierzu zählt zunächst eine hinreichende Gesetzgebungskompetenz nach den §§ 70 ff GG

---

[36] *Posser*, in: Kment (Hrsg.), EnWG, 2019, § 12b Rn. 6 f.

[37] *Kment*, Regulierungsrecht – Zukunfts- oder Auslaufmodell? Eine Beobachtung der gesetzgeberischen Aktivitäten im Bereich der Energienetzinfrastruktur, ZVglRWiss 112 (2013), S. 123 (130); *Antweiler*, Planungsrechtliche Defizite im Netzentwicklungsplan Strom 2012, ZNER 2012, S. 586 (586 ff.).

[38] *Kober*, in: Danner/Theobald, Energierecht, Stand 2019, § 12b EnWG Rn. 16; *Moench/ Ruttloff*, Netzausbau in Beschleunigung, NVwZ 2011, S. 1040 (1042); *Fest/Operhalsky*, Der deutsche Netzausbau zwischen Energiewende und europäischem Energieinfrastrukturrecht, NVwZ 2014, S. 1190 (1193).

[39] Vgl. § 12b Abs. 1 S. 4 Nr. 3 EnWG.

[40] Vgl. dazu *Schirmer/Seiferth*, Energiewende und die Zulassung von Netzausbauprojekten, ZUR 2013, S. 515 (517 f.); *Kment*, Grundstrukturen der Netzintegration Erneuerbarer Energien, UPR 2014, S. 81 (84).

[41] *Appel*, Neues Recht für neue Netze – das Regelungsregime zur Beschleunigung des Stromnetzausbaus nach EnWG und NABEG, UPR 2011, S. 406 (408); *Moench/Ruttloff*, Netzausbau in Beschleunigung, NVwZ 2011, S. 1040 (1042); *Ohms/Weiss*, in: Säcker (Hrsg.), Energierecht, 2018, Vorb. EnLAG Rn. 16.

wie auch das ordnungsgemäße Durchlaufen des Gesetzgebungsverfahrens nach Art. 76 ff GG.

Erste Einwände gegen das BBPlG bemängelten eine defizitäre gesetzliche Grundlage.[42] Diese Vorbehalte sind aber unbegründet. Mit Erlass des Bundes-bedarfsplangesetzes (BBPlG) hat der Bundesgesetzgeber von der konkurrieren-den Gesetzgebungsbefugnis des Art. 74 Abs. 1 Nr. 11 GG Gebrauch gemacht.[43] Dabei erfüllt das Regelwerk auch die Anforderungen der Erforderlichkeitsklau-sel des Art. 72 Abs. 2 GG.[44] Die vom BBPlG in Bezug genommenen Vorhaben sind alle von bundesweiter Bedeutung, da sie die Stromversorgung innerhalb ganz Deutschlands absichern. Einige der Vorhaben besitzen überdies einen Pilotcharakter für die gesamte Bundesrepublik. Die bei ihrer Verwirklichung ermittelten Erkenntnisse werden deshalb bundesweit auch für andere Vorhaben Fortschritte bringen.[45]

Das Gesetzgebungsverfahren warf die Frage auf, ob das BBPlG einer Zustim-mung des Bundesrates bedurfte. Der Bundesrat schlug im Gesetzgebungsver-fahren vor, einen entsprechenden Zustimmungsvorbehalt in § 12e EnWG aufzu-nehmen.[46] Die Bundesregierung ist diesem Ansinnen aber entgegengetreten.[47] Dies hat sich nicht auf die Rechtmäßigkeit des BBPlG negativ ausgewirkt, da eine verfassungsrechtliche Pflicht zur Zustimmung nicht besteht; vielmehr ist das Einspruchsgesetz, wie auch hier im Fall des BBPlG, der verfassungsrecht-liche Regelfall.[48]

---

[42] *Schulte/Apel*, Die Kompetenz zur Regelung des Energieleitungsbaus mittels Erdkabel-systemen, DVBl. 2011, S. 862 (868 f.).

[43] *Weisensee*, Erdkabel oder Freileitung – Was will der Gesetzgeber?, ER 2016, S. 68 (69); *Schiller*, Die Pflicht zur Erdverkabelung von Hochspannungsleitungen nach § 43h EnWG, RdE 2012, S. 423 (423); *Rufin*, Fortentwicklung des Rechts der Energiewirtschaft – für mehr Wettbewerb und eine nachhaltige Energieversorgung in Deutschland?, ZUR 2009, S. 66 (72); *Lecheler*, Neue Rechtsvorschriften zur – teilweisen – Erdverkabelung von Höchstspannungs-leitungen, RdE 2010, S. 41 (44); *Appel*, Künftiger Erdkabeleinsatz beim Stromnetzausbau, NVwZ 2016, S. 1516 (1517); *de Witt/Kause*, Erdkabel vs. Freileitung, RdE 2012, S. 328 (331).

[44] So auch *Lecheler*, Neue Rechtsvorschriften zur – teilweisen – Erdverkabelung von Höchstspannungsleitungen, RdE 2010, S. 41 (44); *Herrmanns/Austermann*, Das neue Ener-gieleitungsausbaugesetz – Beschleunigung des Ausbaus des Hochspannungsnetzes unter be-sonderer Berücksichtigung des Einsatzes von Erdkabeln, NdsVBl. 2010, S. 175 (176). Siehe zu Einzelheiten dieses Kriteriums BVerfG, Urt. v. 24.10.2002 – 2 BvF 1/01 –, BVerfGE 106, S. 62 (135 ff.); *Kment*, in: Jarass/Pieroth, GG, 2020, Art. 72 Rn. 15 ff.

[45] *Kment*, Streitfragen der Erdverkabelung – Gesetzliche Zielsetzung und Anwendung des § 2 EnLAG und § 4 BBPlG, 2017, S. 21 und S. 63; *Schirmer*, Neustart des Netzausbaus? Nach-justierung durch das Gesetz zur Änderung von Bestimmungen des Rechts des Energie-leitungsbaus, DVBl. 2016, S. 285 (288).

[46] BT-Drs. 17/6248, S. 13.

[47] BT-Drs. 17/6248, S. 22.

[48] BVerfG, Beschl. v. 04.05.2010 – 2 BvL 8/07 –, BVerfGE 126, S. 77 (106); *Kment*, in: Jarass/Pieroth, GG, 2020, Art. 77 Rn. 4, 7.

3. Inhalte des Bundesbedarfsplans

Der aktuelle[49] Bundesbedarfsplan weist 43 Vorhaben aus,[50] denen er die energiewirtschaftliche Notwendigkeit und den vordringlichen Bedarf bescheinigt. 25 dieser Projekte zeigen Besonderheiten auf und sind entsprechend speziell gekennzeichnet. Eine besondere Kennzeichnung erhalten etwa länderübergreifende (A 1)[51] oder grenzüberschreitende Höchstspannungsleitungen (A 2)[52]. Mit dieser Kennzeichnung eröffnet sich der Anwendungsbereich des NABEG[53] gem. § 2 Abs. 1 NABEG. Sind diese Vorhaben mit einem „G" gekennzeichnet, wird gem. § 5a Abs. 4 NABEG aufgrund ihrer besonderen Eilbedürftigkeit auf eine Bundesfachplanung verzichtet.[54] Wird ein „G" beigefügt, stehen gem. § 2 Abs. 8 BBPlG die energiewirtschaftliche Notwendigkeit und der vordringliche Bedarf für Leerrohre fest, die nach Maßgabe des § 18 Abs. 3 NABEG zugelassen werden.

Ebenfalls besonders ausgewiesen werden Projekte, bei denen es sich um Pilotprojekte für die verlustarme Übertragung hoher Leistungen über große Entfernungen (B) handelt[55] oder die mit Pilotcharakter der Erprobung von Hochtemperaturleiterseilen dienen (D)[56]. Ist es ein Pilotprojekt für den Einsatz von Erdkabeln zur Höchstspannungs-Drehstrom-Übertragung, findet sich die Kennzeichnung „F".[57] Soll ein Erdkabel für Leitungen zu Höchstspannungs-Gleichstrom-Übertragungen verlegt werden, ist die Kennzeichnung „E" vorgesehen.[58] Schließlich wird auch kenntlich gemacht, wenn das Projekt die Funktion der Offshore-Anbindung erfüllen soll; hier wird ein „C" als Erkennungszeichen genutzt.[59]

Zudem macht der Gesetzgeber Vorgaben zu den technischen Ausführungen (Erdkabel). Damit wird deutlich, dass die Legislative nicht nur den Anfangs- und Endpunkt einer Energieleitung verbindlich definiert, sondern auch technische Komponenten beeinflusst. Selbst die Verleihung eines rechtlichen Sonderstatus ist möglich, wie die Rechtsfigur des „Pilotprojekts" verdeutlicht,[60] für

---

[49] Siehe zur gesetzlichen Entwicklung des BBPlG *Appel*, in: Säcker (Hrsg.), Energierecht, 2018, Vorb. zu § 1 BBPlG Rn. 16 ff.

[50] Ursprünglich (im Jahr 2013) war der Bundesbedarfsplan mit „lediglich" 36 Projekten gestartet, hat sich dann in der Zwischenzeit von 4 Projekten getrennt und im Gegenzug 11 neue Projekte aufgenommen.

[51] Vgl. § 2 Abs. 1 S. 1 BBPlG.

[52] Siehe § 2 Abs. 1 S. 2 BBPlG.

[53] Netzausbaubeschleunigungsgesetz Übertragungsnetz v. 28.07.2011 (BGBl. I S. 1690), zuletzt geändert durch Art. 2 des Gesetzes v. 13.05.2019 (BGBl. I S. 706).

[54] Vgl. § 2 Abs. 7 BBPlG.

[55] Siehe § 2 Abs. 2 BBPlG.

[56] Siehe § 2 Abs. 4 BBPlG.

[57] So bestimmt es § 2 Abs. 6 BBPlG.

[58] Vgl. § 2 Abs. 5 BBPlG.

[59] Siehe § 2 Abs. 3 BBPlG.

[60] *Posser*, in: Kment (Hrsg.), EnWG, 2019, § 12e Rn. 24 ff.

welches einige Grundprämissen des Energiewirtschaftsrechts ausgehebelt werden. Dies gilt etwa für den Einsatz der Erdverkabelungstechnik, welche unvereinbar ist mit einer sicheren Energieversorgung im Sinne der §§ 1, 11, 49 EnWG,[61] da sie nicht dem Stand der Technik entspricht.[62] Des Weiteren erweist sich der Einsatz der Erdverkabelungstechnik als grundsätzlich wirtschaftlich aufwändiger als die Freileitungsvariante.[63] Daher lässt er sich nur schwer mit den energierechtlichen Wirtschaftlichkeitsgeboten der Preisgünstigkeit[64] und Verbraucherfreundlichkeit[65] in Einklang bringen. Folglich sind Pilotprojekte auf den Status als Pilotprojekt essentiell angewiesen.[66]

III. Funktion und Bindungswirkung des Vorhabensonderstatus nach EnLAG und BBPlG

1. Planrechtfertigung und Beschleunigung

a) Anordnung des EnLAG

Sowohl das EnLAG als auch das BBPlG verfolgen ähnliche Ziele. Hierzu gehört an erster Stelle das Anliegen, die Projektverwirklichung zu beschleunigen. Um diesem Anliegen nachzukommen, hat das EnLAG in Anlehnung an das Verkehrsrecht ein rechtliches Instrument herausgebildet, welches später ebenfalls

---

[61] BVerwG, Urt. v. 28.02.2013 – 7 VR 13/12 –, UPR 2013, S. 345 Rn. 29; OVG Münster, Urt. v. 24.08.2016 – 11 D 2/14.AK –, Juris Rn. 189; *Kment*, Streitfragen der Erdverkabelung – Gesetzliche Zielsetzung und Anwendung des § 2 EnLAG und § 4 BBPlG, 2017, S. 17, 19; *Ohms/Weiss*, in: Säcker (Hrsg.), Energierecht, 2018, § 2 EnLAG Rn. 12.

[62] *Weisensee*, Erdkabel oder Freileitung – Was will der Gesetzgeber?, ER 2016, S. 68 (69 f.); *Steinbach*, Keine Energiewende ohne Netze: Die Umsetzung des Bedarfsplangesetzes im reformierten Rechtsrahmen, DÖV 2013, S. 921 (926); *Mann*, Rechtsfragen der Anordnung von Erdverkabelungsabschnitten bei 380 kV-Pilotvorhaben nach dem EnLAG, 2016, S. 19; *Wachter/Weingarten/Peters/Kinast/Novitskiy/Westermann*, Alternativenvergleich in der Bundesfachplanung – methodische Vorgehensweise unter Einbeziehung von Teilverkabelungsoptionen, ET 2014, Heft 10, S. 58 (62).

[63] BT-Drs. 18/4655, S. 6; BT-Drs. 17/4131, S. 5; vgl. auch BVerwG, Beschl. v. 26.09.2013 – 4 VR 1.13 –, BauR 2014, S. 79 Rn. 44; OVG Schleswig, Urt. v. 01.07.2011 – 1 KS 20/10 –, NuR 2012, S. 424 Rn. 51 ff.; OVG Münster, Urt. v. 06.09.2013 – 11 D 118/10.AK –, DVBl. 2013, S. 1524 (1528); *Leidinger*, Die Gesetzesnovellen zum Energieleistungsbau: Neue Rahmenbedingungen für Netzentwicklungsplanung und Einsatz von Erdkabeltechnik, NuR 2016, S. 585 (590); *Greinacher*, Energieleitungsausbau: Tatsächliche Herausforderungen und rechtliche Lösungen, ZUR 2011, S. 305 (310); *Schirmer*, Neustart des Netzausbaus? Nachjustierung durch das Gesetz zur Änderung von Bestimmungen des Rechts des Energieleitungsbaus, DVBl. 2016, S. 285 (292).

[64] *Theobald*, in: Danner/Theobald (Hrsg.), Energierecht, Stand 2019, § 1 EnWG Rn. 21 ff.

[65] *Hellermann/Hermes*, in: Britz/Hellermann/Hermes (Hrsg.), EnWG, 2015, § 1 Rn. 32.

[66] OVG Münster, Urt. v. 24.08.2016 – 11 D 2/14.AK –, Juris Rn. 189; *Kment*, Streitfragen der Erdverkabelung – Gesetzliche Zielsetzung und Anwendung des § 2 EnLAG und § 4 BBPlG, 2017, S. 17, 19.

in das BBPlG übernommen wurde. Der Gesetzgeber stellt nach § 1 Abs. 1 EnLAG für die im Anhang aufgeführten Projekte einen vordringlichen Bedarf fest und schreibt damit nach § 1 Abs. 2 S. 2, 4 EnLAG verbindlich für nachfolgende Planfeststellungsverfahren und Plangenehmigungen nach den §§ 43 bis 43d EnWG die energiewirtschaftliche Notwendigkeit fest.[67] Die Realisierung dieser Vorhaben ist gem. § 1 Abs. 2 S. 3 EnLAG aus Gründen eines überragenden öffentlichen Interesses und im Interesse der öffentlichen Sicherheit erforderlich. Damit kann in einem späteren Planfeststellungsverfahren wie auch einem denkbaren anschließenden gerichtlichen Rechtsstreit ein fehlender Bedarf des konkreten Projekts nicht mehr geltend gemacht werden;[68] zu untersuchen ist lediglich, ob der Gesetzgeber die Grenzen des gesetzgeberischen Ermessens überschritten hat.[69] Für eine solche Überschreitung bestehen aber aktuell keine Anzeichen.[70] Eine Verpflichtung der Übertragungsnetzbetreiber, den Netzausbau hinsichtlich der aufgeführten Projekte tatsächlich durchzuführen, ist mit der verbindlichen Bedarfsfeststellung nicht verbunden.[71]

b) Regelung des BBPlG

Sehr ähnlich verfährt der Gesetzgeber im Rahmen der Bedarfsplanung nach dem BBPlG. Im Einklang mit dem Verständnis des § 12e Abs. 4 EnWG hat der Bundesbedarfsplan gem. § 1 Abs. 1 BBPlG die Aufgabe,

> „für die in der Anlage zu diesem Gesetz aufgeführten Vorhaben, die der Anpassung, Entwicklung und dem Ausbau der Übertragungsnetze zur Einbindung von Elektrizität aus erneuerbaren Energiequellen, zur Interoperabilität der Elektrizitätsnetze innerhalb der Europäischen Union, zum Anschluss neuer Kraftwerke oder zur Vermeidung struktureller Engpässe im Übertragungsnetz dienen, (...) die energiewirtschaftliche Notwendigkeit und de(n) vordringliche(n) Bedarf zur Gewährleistung eines sicheren und zuverlässigen Netzbetriebs als Bundesbedarfsplan gemäß § 12e des Energiewirtschaftsgesetzes (festzustellen)".

Gem. § 1 Abs. 1 S. 2 BBPlG ist die Realisierung dieser Vorhaben zudem aus Gründen eines überragenden öffentlichen Interesses und im Interesse der öffentlichen

---

[67] *Schulte/Apel*, Die Kompetenz zur Regelung des Energieleitungsbaus mittels Erdkabelsystemen, DVBl. 2011, S. 862 (863); *Ohms/Weiss*, in: Säcker (Hrsg.), Energierecht, 2018, § 1 EnLAG Rn. 48; *Elspaß/Schwoon*, Energiewende ohne Erdkabel?, NVwZ 2012, S. 1066 (1067). Vgl. auch BVerwG, Beschl. v. 28.02.2013 – 7 VR 13.12 –, UPR 2013, S. 345 Rn. 17.

[68] BVerwG, Urt. v. 18.07.2013 – 7 A 4/12 –, BVerwGE 147, S. 184 Rn. 35; BVerwG, Urt. v. 17.12.2013 – 4 A 1/13 –, BVerwGE 148, S. 353 Rn. 45; *Schirmer*, Das Gesetz zur Beschleunigung des Ausbaus der Höchstspannungsnetze, DVBl. 2010, S. 1349 (1351).

[69] *Ohms/Weiss*, in: Säcker (Hrsg.), Energierecht, 2018, § 1 EnLAG Rn. 6. Siehe auch OVG Lüneburg, Urt. v. 20.03.2014 – 7 KS 158/11 –, Rn. 57.

[70] BVerwG, Urt. v. 18.07.2013 – 7 A 4/12 –, BVerwGE 147, 184 Rn. 36.

[71] *Kment*, Vorbote der Energiewende in der Bundesrepublik Deutschland: das Netzausbaubeschleunigungsgesetz, RdE 2011, S. 341 (344); *Scherer*, Neue Entwicklungen im Recht der regulierten Netzinfrastrukturen, NVwZ 2010, S. 1321 (1324).

Sicherheit erforderlich. Somit schreibt der Bundesbedarfsplan – wie auch das EnLAG – die energiewirtschaftliche Notwendigkeit und den vordringlichen Bedarf der in ihm enthaltenen Vorhaben fest; diese Feststellungen sind für nachfolgende Planfeststellungsverfahren und Plangenehmigungsverfahren nach dem EnWG oder dem NABEG wie auch hieran anknüpfende gerichtliche Prozesse verbindlich.[72] Durch die auf diese Art vorweggenommene verbindliche positive Aussage zur Planrechtfertigung als Rechtmäßigkeitsvoraussetzung[73] der nachfolgenden Planfeststellung soll das Planfeststellungsverfahren – wie auch im Rahmen des EnLAG – entlastet und zudem beschleunigt werden.[74]

2. Akzeptanz der Öffentlichkeit und neue Ausführungsoptionen

Neben den bereits beschriebenen Beschleunigungswirkungen durch eine verminderte Anforderung an die Vorhabengenehmigung[75] eröffnet der Gesetzgeber für die besonders ausgewählten Projekte die Option der Erdverkabelung. Nach Maßgabe der § 2 EnLAG und §§ 3, 4 BBPlG schafft er hiermit zunächst erweiterte Ausführungsoptionen des Vorhabenträgers, um Projekthindernisse schnell aus dem Weg zu räumen und damit Zeit beim Ausbau und der Ertüchtigung der Netzinfrastruktur einzusparen.[76] Außerdem geht die Legislative davon aus, dass in sensiblen Bereichen der Einsatz von Erdkabeln die Akzeptanz der Öffentlichkeit hinsichtlich der Vorhabenverwirklichung steigern kann.[77]

3. Zuständigkeitsbündelung

Zumindest für die länderübergreifenden und grenzüberschreitenden Vorhaben nach dem BBPlG – die also eine Kennzeichnung mit A1 oder A2 erhalten haben –[78] kann man zusätzlich feststellen, dass der Gesetzgeber durch eine Zu-

---

[72] BVerwG, Urt. v. 19.05.1998 – 4 C 11/96 –, NVwZ 1999, S. 528 (529); *Posser*, in: Kment (Hrsg.), EnWG, 2019, § 12e Rn. 36; *Rubel*, Aktuelle Probleme bei der Planfeststellung von Höchstspannungsleistungen, DVBl. 2017, S. 585 (586); *Otte*, Erdverkabelung – planungsrechtliche Herausforderungen, UPR Sonderheft 2016, S. 451 (451).

[73] *Erbguth*, Planerische Rechtsfragen des Netzausbaus. EnWG und NABEG im Zusammenspiel mit der Gesamtplanung, in: Kment (Hrsg.), Netzausbau zugunsten erneuerbarer Energien, 2013, S. 17 (24 f.).

[74] *Kment*, Grundstrukturen der Netzintegration Erneuerbarer Energien, UPR 2014, S. 81 (84); *Franke*, Beschleunigung der Planungs- und Zulassungsverfahren beim Ausbau der Übertragungsnetze, in: Festschr. Salje, 2013, S. 121 (130 ff.). Zum Rechtsschutz gegen einen Bundesbedarfsplan *Knappe*, Gestufter Netzausbau und Bundesfachplanung im Spannungsfeld des effektiven Rechtsschutzes, DVBl. 2016, S. 276 (278).

[75] Siehe hierzu die obigen Ausführungen unter III., 1.

[76] *Appel*, in: Säcker (Hrsg.), Energierecht, 2018, Vorb. zu § 1 BBPlG Rn. 7.

[77] Diese Ansicht findet sich an unterschiedlichen Stellen in den Gesetzesmaterialien. Siehe etwa BT-Drs. 18/4655, S. 2, 7, 19, 30 sowie BT-Drs. 18/6909, S. 5, 41. Vgl. hierzu allgemein *Kment*, Streitfragen der Erdverkabelung – Gesetzliche Zielsetzung und Anwendung des § 2 EnLAG und § 4 BBPlG, 2017, S. 29 ff.

[78] Siehe bereits die obigen Ausführungen unter B., II., 3.

ständigkeitsbündelung der Projekte bei der BNetzA eine Beschleunigung des Genehmigungsverfahrens anstrebt.[79] Nach § 2 Abs. 1 NABEG eröffnet sich bei länderübergreifenden und grenzüberschreitenden Vorhaben nämlich die Anwendbarkeit des NABEG,[80] nach dessen Konzeption die BNetzA die alleinige Zuständigkeit für sowohl die Bundesfachplanung gem. §§ 4 ff NABEG als auch die anschließende Planfeststellung nach §§ 18 ff NABEG genießt. Sie soll als einheitliche Stelle die Geschicke in die Hand nehmen und damit Zuständigkeitskonflikten bei länderübergreifenden und grenzüberschreitenden Vorhaben vorbeugen.[81]

4. Komprimierter Rechtsschutz beim BVerwG

a) Regelungsgehalt des EnLAG und des BBPlG

Eine weitere Besonderheit für EnLAG-Projekte und BBPlG-Projekte besteht hinsichtlich des Rechtsschutzes. So ordnen § 1 Abs. 3 EnLAG wie auch § 6 BBPlG – in einer Tradition mit anderen Infrastrukturprojekten[82] – die erst- und letztinstanzliche Zuständigkeit des BVerwG nach § 50 Abs. 1 Nr. 6 VwGO an.[83] Auch in diesem Fall sind Beschleunigungsinteressen die Triebfedern der Regelung. Der Gesetzgeber geht davon aus, dass mit der Anordnung des § 1 Abs. 3 EnLAG bzw. § 6 BBPlG die Zeiten anhängiger Rechtsschutzverfahren deutlich verkürzt werden. Außerdem soll das BVerwG als Solitär der judikativen Ebene unmittelbar abschließend über den Bedeutungsgehalt streitiger Bestimmungen des EnLAG oder des BBPlG und hiermit verwandter bzw. benachbarter Vorschriften entscheiden können.[84] Hierdurch erhofft sich der Gesetzgeber, schnell zu Rechtsvereinheitlichung und Rechtsklarheit zu gelangen, denen man ebenfalls beschleunigende Wirkung beimisst.[85]

b) Verfassungsrechtliche Zulässigkeit

aa) Allgemeine Regeln

Das BVerwG ist nach Maßgabe des Grundgesetzes einer der „obersten Gerichtshöfe". Dies bedeutet, dass Art. 95 GG ihm die Funktion zuweist, als

---

[79] Vgl. BT-Drs. 17/12638, S. 13; kritisch äußert sich aber *Ruge*, Bundesfachplanung nach NABEG: Beschleunigungsgesetz ohne Beschleunigungswirkung?, ER 2016, S. 154 (159).

[80] *Kment*, Bundesfachplanung von Trassenkorridoren für Höchstspannungsleitungen, NVwZ 2015, S. 616 (617).

[81] *Straßburg*, in: de Witt/Scheuten (Hrsg.), NABEG, 2013, Einl. Rn. 71 ff.

[82] Vgl. etwa § 18e Abs. 1 AEG, § 17e Abs. 1 FStrG, § 14e Abs. 1 WaStrG. Siehe auch *Bier*, in: Schoch/Schneider/Bier (Hrsg.), VwGO, Stand 2019, § 50 Rn. 17 ff.

[83] Siehe BT-Drs. 17/12638, S. 1, 13, 17 f.

[84] BVerwG, Urt. v. 17.12.2013 – 4 A 1/13 –, BVerwGE 148, S. 353 Rn. 17; BVerwG, Beschl. v. 09.05.2019 – 4 VR 1/19 –, NVwZ 2019, S. 1357 Rn. 13.

[85] *Appel*, in: Säcker (Hrsg.), Energierecht, 2018, § 6 BBPlG Rn. 2.

höchstgerichtliches Rechtsmittelgericht zu agieren.[86] Dessen ungeachtet ist es gleichwohl zulässig, ausnahmsweise dem BVerwG eine erstinstanzliche Zuständigkeit zuzuweisen.[87] Allerdings gebietet es der Ausnahmecharakter, besondere Anforderungen an die Zuweisung der erstinstanzlichen Zuständigkeit an das BVerwG zu stellen. Es bedarf daher grundsätzlich eines besonderen sachlichen Grundes, wie etwa eines gesamtstaatlichen oder bundesstaatlichen Interesses an einer raschen (rechtskräftigen) Entscheidung zu einem wichtigen Infrastrukturprojekt, der die Zuständigkeit des BVerwG rechtfertigt (qualitative Anforderung).[88] Erstreckt sich die Zuständigkeit des BVerwG auf ein Bündel von Einzelakten, muss der sachliche Grund für jeden Einzelakt vorliegen.

Des Weiteren darf das BVerwG mengenmäßig nicht derart stark belastet werden, dass die erstinstanzlichen Arbeitsanteile die revisionsrechtliche Haupttätigkeit des Gerichts nachhaltig erschweren. Außerdem muss zur Achtung der föderalen Strukturen den Ländern ein substanzieller Rest an judikativer Gewalt überlassen bleiben (quantitative Anforderung).[89]

Allerdings ist bei der Beurteilung der Zuständigkeitsverschiebung durch den Gesetzgeber zu beachten, dass der Legislative ein Beurteilungsspielraum zukommt, der erst dann nicht mehr die Zuständigkeitsregelung trägt, wenn sie evident unsachlich ist.[90] Das BVerwG führt zu diesem gesamten Themenkomplex recht klar aus:[91]

„Aus dem Zusammenhang der genannten Grundgesetzbestimmungen folgt, dass die obersten Gerichtshöfe zwar grundsätzlich als Rechtsmittelgerichte letzter Instanz errichtet werden müssen, dass ihnen aber aus *sachlich einleuchtenden Gründen* ausnahmsweise auch eine erstinstanzliche Zuständigkeit eingeräumt werden kann. Ein solcher sachlicher Grund, der die Zuständigkeitsregelung zugleich mit Blick auf Art. 3 I GG rechtfertigt, kann z.B. vorliegen, wenn Verwaltungsakte bestimmter oberster Bundesbehörden oder Entscheidungen vergleichbarer Hoheitsträger angegriffen werden, die von überregionaler oder allgemeiner grundsätzlicher Bedeutung sind oder einer *raschen endgültigen Klärung* ihres Rechtsbestandes bedürfen (BVerfGE 8, 174 [180 f] = NJW 1958, 2011; zu § 9 BVerwGG; BVerfGE 92, 365 [410] = NVwZ 1996, 261 = NJW 1996,

---

[86] *Kment*, in: Jarass/Pieroth, GG, 2020, Art. 95 Rn. 2.
[87] BVerfG, Beschl. v. 10.06.1958 – 2 BvF 1/56 –, BVerfGE 8, S. 174 (177); BVerfG, Urt. v. 04.07.1995 – 1 BvF 2/86 –, BVerfGE 92, S. 365 (410); BVerwG, Urt. v. 22.01.2004 – 4 A 32/02 –, BVerwGE 120, S. 87 (93); BVerwG, Urt. v. 09.07.2008 – 9 A 14/07 –, BVerwGE 131, S. 274 Rn. 31 ff.
[88] BVerfG, Urt. v. 04.07.1995 – 1 BvF 2/86 –, BVerfGE 92, S. 365 (410); BVerwG, Urt. v. 22.01.2004 – 4 A 32/02 –, BVerwGE 120, S. 87 (90 ff.); *Appel*, in: Säcker (Hrsg.), Energierecht, 2018, § 6 BBPlG Rn. 6.
[89] BVerwG, Urt. v. 18.12.1987 – 4 C 9/86 –, BVerwGE 78, S. 347 (351); BVerwG, Urt. v. 09.07.2008 – 9 A 14/07 –, BVerwGE 131, S. 274 Rn. 32; *Bier*, in: Schoch/Schneider/Bier, VwGO, Stand 2019, § 50 Rn. 5.
[90] BVerwG, Urt. v. 08.06.1995 – 4 C 4/94 –, BVerwGE 98, S. 339 (345 ff.). Vgl. zu letztgenanntem Merkmal auch die nachfolgenden Ausführungen unter B., IV., 3.
[91] BVerwG, Urt. v. 09.07.2008 – 9 A 14/07 –, BVerwGE 131, S. 274 Rn. 31 ff. Die Hervorhebung besteht nicht im Original.

185; zu § 116 III AFG). Einen solchen sachlichen Grund hat das BVerwG für die ihm zugewiesene erstinstanzliche Zuständigkeit gem. § 5 I VerkPBG anerkannt, als nach der Wiederherstellung der Deutschen Einheit in den neuen Ländern ein dringender Bedarf an neuen oder auszubauenden Verkehrswegen bestand, eine funktionierende Verwaltungsgerichtsbarkeit dort aber erst noch aufgebaut werden musste (BVerwGE 120, 87 [90 ff] = NVwZ 2004, 722).

Hiernach kann nicht jeder beliebige Grund eine derartige Zuständigkeitsbestimmung rechtfertigen. Die Abgrenzung der Zuständigkeiten der Gerichte des Bundes von denen der Länder berührt den föderalen Aufbau des Gerichtswesens und damit die Aufgabenverteilung im Bundesstaat (Art. 92 Halbs. 2, 20 I GG). Daraus ergibt sich das Erfordernis, dass es um Rechtsstreitigkeiten geht, bei denen ein gesamtstaatliches oder bundesstaatliches Interesse an einer raschen (rechtskräftigen) Entscheidung besteht. Aus dem Ausnahmecharakter einer solchen Zuständigkeitsbestimmung folgt darüber hinaus, dass sie weiteren *quantitativen und qualitativen Schranken* unterliegt, damit der oberste Gerichtshof seiner eigentlichen Aufgabe als Revisionsgericht, nämlich der Rechtsfortbildung und der Sicherung der Einheitlichkeit der Rechtsprechung, gerecht werden kann: Die Zuweisung erstinstanzlicher Zuständigkeiten an einen obersten Gerichtshof darf quantitativ und qualitativ nach ihrem Anteil an der *gesamten Geschäftslast* des Gerichts keine solche Größenordnung erreichen, dass nicht mehr von einer ausnahmsweisen Zuständigkeit gesprochen werden kann. Sie darf auch nicht dazu führen, dass den *Gerichten der Länder* in wesentlichen Rechtsmaterien, zumal solchen mit raumbedeutsamem Inhalt, praktisch keine substanziellen Zuständigkeiten mehr verbleiben.

Bei der Beurteilung, ob die genannten Voraussetzungen erfüllt sind, ist dem Gesetzgeber, weil damit oft (verkehrs-, wirtschafts- und rechts-)politische Wertungen verbunden sind, ein weiter *Einschätzungsspielraum* zuzugestehen (zu den fachlichen Einwänden gegen die hier in Rede stehende Zuständigkeitsbestimmung vgl. Hien, DVBl 2006, 351 [352]; Paetow, NVwZ 2007, 36 [37 f]; Blümel, in: Festschr. f. Bartlsperger, 2006, S. 263 [272 ff]). Entscheidet sich der Gesetzgeber dafür, Rechtsstreitigkeiten nicht abstrakt, sondern – wie hier – unter Auflistung konkreter Infrastrukturvorhaben einem obersten Gerichtshof zuzuweisen, muss *jedes Einzelprojekt den vorstehenden Anforderungen eines sachlichen Grundes genügen.* Der Einschätzungsspielraum des Gesetzgebers bedingt allerdings, dass seine Entscheidung, ein Vorhaben in diese Zuständigkeitsbestimmung aufzunehmen, vom Gericht – ähnlich wie bei der Aufnahme eines Vorhabens in den vordringlichen Bedarf des Fernstraßenausbaugesetzes mit Wirkung für die Planrechtfertigung – erst dann zu beanstanden ist, wenn sie *offensichtlich fehlsam oder evident unsachlich* ist (vgl. BVerwGE 98, 339 [345 ff] = NVwZ 1996, 381 = NJW 1996, 3224 L; BVerwG, Buchholz 407.4 § 17 FStrG Nr. 173, S. 157 = NVwZ 2003, 1120; BVerfGE 97, 298 = NJW 1998, 2659 = NVwZ 1998, 1060 L; BVerfGE 97, 317 = NJW 1998, 2892 = NVwZ 1998, 1060)."

bb) Verfassungsmäßigkeit des EnLAG und BBPlG

Legt man die dargestellten Maßstäbe zur Verweisung eines Rechtsstreits an das BVerwG (mit dort angesiedelter erst- und letztinstanzlicher Zuständigkeit)[92] an, zeigen sich keine durchgreifenden rechtlichen Bedenken. Gleichwohl ist Kritik an der Verfassungsmäßigkeit der § 1 Abs. 3 EnLAG und § 6 BBPlG geäu-

---

[92] Siehe die obigen Ausführungen unter B., III., 4., b), aa).

ßert worden; insbesondere hinsichtlich der föderalen Strukturen des Gerichtswesens und des Charakters des BVerwG als Revisionsgericht.[93] Das BVerwG
hat dieser Kritik aber, in der Sache zutreffend, nicht nachgegeben.[94]

Qualitativ liegt ein sachlicher Grund zur Einführung des § 1 Abs. 3 EnLAG
und § 6 BBPlG vor, der die erstinstanzliche Zuständigkeit des BVerwG rechtfertigt: Ein schneller Ausbau der Energienetze ist dringend erforderlich, um die
notwendige Versorgungssicherheit auf Seiten der Bevölkerung und der Wirtschaft sicherzustellen. Außerdem ist ohne eine Ertüchtigung der Netze die
Energiewende, die aus ökologischen Gründen dringend notwendig ist, nicht
umsetzbar.[95] Demgemäß stellt der Gesetzgeber im Gesetzgebungsverfahren
zum Erlass des EnLAG fest:[96]

„Diese Zuweisung zum Bundesverwaltungsgericht stellt eine Ausnahme dar. Sie dient
der Beschleunigung gerichtlicher Verfahren hinsichtlich dringend notwendiger Leitungsbauvorhaben zur langfristigen Gewährleistung der Versorgungssicherheit in
Deutschland. Denn der Ausbau der Höchstspannungsübertragungsnetze infolge des
Ausbaus des Anteils erneuerbarer Energien an der Stromerzeugung, des verstärkten
grenzüberschreitenden Stromhandels und neuer konventionelle(r) Kraftwerke ist dringend geboten. Streitigkeiten um Leitungsbauvorhaben bedürfen daher einer schnellen
und endgültigen Klärung.

Die erst- und letztinstanzliche Zuständigkeit des Bundesverwaltungsgerichts in den
oben beschriebenen Rechtsstreitigkeiten trägt erheblich zur Beschleunigung dieser Verfahren bei, wie die Erfahrungen mit dem Verkehrswegeplanungsbeschleunigungsgesetz
und dem Infrastrukturplanungsbeschleunigungsgesetz zeigen.

Denn im Vergleich zu Rechtsschutzverfahren vor den Oberverwaltungsgerichten entfällt das Risiko eines anschließenden Revisionsverfahrens. Einem solchen ist die Gefahr
immanent, dass das Revisionsgericht noch nicht in der Sache entscheidet, sondern das
Verfahren zur Aufklärung weiterer, nach seiner Rechtsauffassung notwendiger, Tatsa-
chen an das Oberverwaltungsgericht zurückverweist. Dies kann den Ausbau der Netze
weiter verzögern.

Durch die Verkürzung der Verfahrensdauer wird auch das wirtschaftliche Risiko, von
der sofortigen Vollziehbarkeit des Plans Gebrauch zu machen, verringert.

In Anbetracht der Notwendigkeit des beschleunigten Ausbaus der Höchstspannungsübertragungsnetze ist die erst- und letztinstanzliche Zuständigkeit des Bundesverwaltungsgerichts hier somit ausnahmsweise erforderlich (vgl. BVerfGE 8, 174 ff.)."

---

[93] *Schirmer*, Das Gesetz zur Beschleunigung des Ausbaus der Höchstspannungsnetze,
DVBl. 2010, S. 1349 (1357); *Missling*, in: Danner/Theobald (Hrsg.), Energierecht, Stand 2019,
Vor §§ 43 ff. EnWG Rn. 37.
[94] BVerwG, Urt. v. 18.07.2013 – 7 A 4/12 –, BVerwGE 147, S. 184 Rn. 20; BVerwG, Urt. v.
17.12.2013 – 4 A 1/13 –, BVerwGE 148, S. 353 Rn. 17; BVerwG, Beschl. v. 24.05.2012 – 7 VR
4/12 –, BVerwG, ZUR 2012, S. 499 (499); BVerwG, Beschl. v. 09.10.2012 – 7 VR 10/12 –,
BVerwG, NVwZ 2013, S. 78 (78).
[95] Siehe hierzu die obigen Ausführungen unter B., I., 1.
[96] BT-Drs. 16/10491, S. 19.

Sehr ähnlich fällt die gesetzliche Begründung zur Einführung des § 6 BBPlG
(ehemals § 4 BBPlG a. F.) aus, die sich auf vergleichbare Gründe stützt:[97]

„Eine solche Zuweisung ist auch für Verfahren nach dem Bundesbedarfsplangesetz in
Anbetracht der Notwendigkeit des beschleunigten Ausbaus der Höchstspannungsnetze
erforderlich. Denn auf diese Weise erhält das Bundesverwaltungsgericht abschließende
Entscheidungsbefugnisse über die Auslegung und Anwendung des Bundesbedarfsplangesetzes, was zu einer einheitlichen Rechtsauslegung führt und letztendlich der Verfahrensbeschleunigung dient.

Die erstinstanzliche Zuweisung zum Bundesverwaltungsgericht stellt eine Ausnahme
dar. Sie ist aber im vorliegenden Fall geboten. Denn nur auf diese Weise wird erhebliche
Verfahrensbeschleunigung erzielt, indem die Dauer möglicher gerichtlicher Verfahren
verkürzt wird. Denn im Vergleich zu Rechtsschutzverfahren vor den Oberverwaltungsgerichten entfällt das Risiko eines anschließenden Revisionsverfahrens beim Bundesverwaltungsgericht. In einem Revisionsverfahren ist möglich, dass das Revisionsgericht das
Verfahren wieder an das Oberverwaltungsgericht verweist, um eine weitere Sachaufklärung zu betreiben. Dieses kann letztendlich zu einer erheblichen Verzögerung bezüglich
der Realisierung der erforderlichen Netzausbauvorhaben führen.

Der Netzausbau ist erforderlich, um langfristig die Versorgungssicherheit zu gewährleisten, indem der Strom innerhalb Deutschlands und grenzüberschreitend engpassfrei
transportiert werden kann. Eine sichere Energieversorgung ist von überragender Bedeutung für das gesamtstaatliche Gemeinwohl. Deshalb muss schnellstmögliche Rechts-
und Planungssicherheit erzielt werden.“

Sowohl die Begründung zu § 1 Abs. 3 EnLAG als auch zu § 6 BBPlG trägt sachlich die Entscheidung des Gesetzgebers. Berücksichtigt man überdies, dass der
Gesetzgeber über einen erheblichen Beurteilungsspielraum verfügt, der erst bei
evidenter Unsachlichkeit überschritten ist, besteht kein Zweifel daran, dass das
qualitative Erfordernis erfüllt ist.[98]

In *quantitativer* Hinsicht vermag die Regelung des § 1 Abs. 3 EnLAG sowie
des § 6 BBPlG nur dann den verfassungsrechtlichen Anforderungen zu entsprechen, wenn die Rechtswegverschiebung eine Ausnahmeerscheinung bleibt, das
BVerwG nicht übermäßig belastet wird und auch den betroffenen Ländern
(bzw. ihren Gerichten) ein substanzieller Zugriff auf die tangierte Thematik
zusteht. Auch diese Anforderungen sind vorliegend erfüllt. In beiden Gesetzes-
werken ist eine begrenzte und überschaubare Zahl an Vorhaben aufgeführt. Im
EnLAG sind es lediglich 22 Vorhaben; das BBPlG zählt 43 Projekte. Abseits
dieser Vorhaben wird die Neuausrichtung der deutschen Energieinfrastruktur
noch einer beträchtlichen Menge weiterer Vorhaben bedürfen, die zahlenmäßig
die EnLAG- und BBPlG-Projekte weit übersteigen. Diese anderen Vorhaben
werden zwar nicht alle ein Gerichtsverfahren vor Verwaltungsgerichten nach
sich ziehen, den Landesgerichten aber ein hinreichend großes Arbeitsfeld über-

---

[97] BT-Drs. 17/12638, S. 17.
[98] Siehe auch *Scheidler*, Die erstinstanzliche Zuständigkeit des Bundesverwaltungsgerichts, DVBl. 2011, S. 466 (467, 471).

lassen.[99] Für die privilegierten Vorhaben nach EnLAG und BBPlG ist es zudem nicht ausgeschlossen, dass einige Vorhaben nicht beklagt werden, wodurch die Arbeitsbelastung des BVerwG gesenkt wäre. Des Weiteren ist zu beachten, dass nicht alle privilegierten Vorhaben gleichzeitig verwirklicht werden sollen und daher auch nicht gleichzeitig gerichtlich relevant werden können. Die mögliche Maximalbelastung des BVerwG durch EnLAG- und BBPlG-Vorhaben wird also durch den Realisierungsversatz gestreckt.

Der Gesetzgeber des § 1 Abs. 3 EnLAG kommt zur gleichen Einschätzung. In den Gesetzesmaterialien findet sich folgender Hinweis:[100]

„Auch nach Zuweisung dieser erstinstanzlichen Zuständigkeit bleibt das Bundesverwaltungsgericht – entsprechend der Rechtsprechung des Bundesverfassungsgerichts (BVerf-GE 8, 174 ff) – im Wesentlichen Rechtsmittelgericht. Denn der Zuweisung neuer erstinstanzlicher Zuständigkeiten steht ein Rückgang erstinstanzlicher Zuständigkeiten des Bundesverwaltungsgerichts aufgrund der kontinuierlichen Erledigung von Verfahren betreffend die im Gesetz zur Beschleunigung von Planungsverfahren für Infrastrukturvorhaben und im Verkehrswegeplanungsbeschleunigungsgesetz aufgeführten Infrastrukturprojekte gegenüber. Es kann also erwartet werden, dass neue und wegfallende Zuständigkeiten sich aus- gleichen werden und damit das Regel-Ausnahmeverhältnis zwischen der Tätigkeit des Bundesverwaltungsgerichts als Revisionsgericht und der Zuständigkeit als erstinstanzliches Gericht weiterhin gewahrt bleibt. Hierfür spricht auch, dass es sich bei den 24 vordringlichen Vorhaben um eine überschaubare Anzahl handelt."

Die Erläuterung zu § 6 BBPlG (bzw. § 4 BBPlG a. F.) fällt recht ähnlich aus, ist allerdings noch ein wenig tiefergehend. Der Gesetzgeber befasst sich insbesondere auch mit der Frage, ob die Zahl der im BBPlG aufgeführten Vorhaben stabil bleibt oder sich zumindest in einem vertretbaren Rahmen hält. Überdies erwartet der Gesetzgeber durch die erstinstanzliche Zuständigkeit des BVerwG eine schnelle Klärung grundsätzlicher Rechtsfragen, die auch dem BVerwG selbst zugutekommen sollen, da hierdurch die Erhebung „unnötiger" Klagen im Ansatzpunkt bereits vermieden werden könne. Konkret heißt es in den Gesetzesmaterialien:[101]

„Der Bundesbedarfsplan enthält eine konkrete Anzahl der vordringlichen Netzausbauvorhaben auf Übertragungsnetzebene. Durch die enumerative Bezeichnung der Vorhaben im Bundesbedarfsplan wird die Zuständigkeitsbegründung des Bundesverwaltungsgerichts in quantitativer Hinsicht begrenzt, so dass im Ergebnis das Regel-Ausnahme-Verhältnis gewahrt ist. Es ist nicht zu erwarten, dass mit Fortschreibung des Bundesbedarfsplangesetzes die Anzahl der Vorhaben des Bundesbedarfsplans übermäßig ausgedehnt und das Regel-Ausnahme-Verhältnis beeinträchtigt wird, da durch die jährliche Aufstellung des Netzentwicklungsplans eine Verstetigung des Netzausbaubedarfs zu erwarten ist.
Schließlich wird die Verweisung der Vorhaben direkt an das Bundesverwaltungsgericht nach der derzeit möglichen Prognose keine unvertretbare Beeinträchtigung der

---

[99] *Appel*, in: Säcker (Hrsg.), Energierecht, 2018, § 6 BBPlG Rn. 10.
[100] BT-Drs. 16/10491, S. 19.
[101] BT-Drs. 17/12638, S. 17.

Kernaufgaben des Bundesverwaltungsgerichts als Revisionsgericht auslösen. Es ist nicht davon auszugehen, dass sämtliche Vorhaben beklagt werden. Ziel des umfassenden Prozesses der Öffentlichkeitsbeteiligung ist es, vor Planfeststellung eines bestimmten Vorhabens entgegenstehende Bedenken frühzeitig zu adressieren und auszuräumen. Aufgrund der unterschiedlichen Umsetzungszeitpläne ist außerdem auch nicht davon auszugehen, dass zahlreiche Vorhaben gleichzeitig angegriffen werden. Zudem werden durch die Rechtswegverkürzung eine zügige Entscheidungsfindung und Klärung von Rechtsfragen unterstützt. Auf diese Weise können zügiger Grundsatzentscheidungen herbeigeführt werden, die unter Umständen nachfolgende Rechtsstreitigkeiten vermeiden."

Beide Begründungsstränge des Gesetzgebers tragen die Sonderregelungen des § 1 Abs. 3 EnLAG und des § 6 BBPlG inhaltlich, um die Anforderungen der quantitativen Belastungsgrenzen des BVerwG als respektiert anzusehen. Auffällige Fehleinschätzungen des Gesetzgebers sind nicht zu erkennen.

cc) Erweiterung der erstinstanzlichen Zuständigkeit des BVerwG durch § 1 Abs. 3 S. 2 EnLAG n. F. und § 6 S. 2 BBPlG n. F.

Der Bundesgesetzgeber hat sich im Jahr 2019 dazu entschlossen, den Ausbau und die Ertüchtigung des bestehenden Elektrizitätsnetzes durch zusätzliche rechtliche Instrumente zu beschleunigen.[102] Hierzu hat er unter anderem in § 44c EnWG den vorzeitigen Baubeginn neu eingeführt und die Regeln zu Änderungen oder Erweiterungen von Vorhaben im Wege des Anzeigeverfahrens nach § 43f EnWG substanziell modifiziert. Ähnliche Anpassungen und Erweiterungen finden sich im NABEG, welches gem. § 2 Abs. 1 NABEG eng mit dem BBPlG verbunden ist. Im Zuge der Beschleunigung des Netzausbaus hat der Gesetzgeber das Recht der Veränderungssperre nach § 16 NABEG weiter verfeinert[103] und zudem das Anzeigeverfahren nach § 25 NABEG umgestaltet.

Die Anreicherung der Handlungsinstrumente hatte auch Auswirkungen auf die Rechtswegeröffnung zum BVerwG. So wurden nach § 1 Abs. 3 S. 2 EnLAG die Zuständigkeit des BVerwG auch auf die Zulassungen des vorzeitigen Baubeginns und das Anzeigeverfahren erstreckt und gem. § 6 S. 2 BBPlG Rechtsstreitigkeiten zu Veränderungssperren, Zulassungen des vorzeitigen Beginns und Anzeigeverfahren der erstinstanzlichen Zuständigkeit des BVerwG nach § 50 Abs. 1 Nr. 6 VwGO zugeschlagen, um den „Beschleunigungseffekt der Rechtswegverkürzung", der in den Grundregelungen der § 1 Abs. 3 S. 1 EnLAG bzw. § 6 S. 1 BBPlG verankert ist, nicht zunichte zu machen.[104]

---

[102] Siehe das Gesetz zur Beschleunigung des Energieleitungsausbaus v. 13.05.2019 (BGBl. I S. 706).

[103] Zur ursprünglichen Fassung des § 16 NABEG siehe *Kment*, Die Sicherung der Bundesfachplanung durch Veränderungssperren – Eine Untersuchung auch zu den verfassungsrechtlichen Streitfragen des § 16 NABEG, in: Franke/Theobald (Hrsg.), Festschr. Danner, 2019, S. 257 ff.

[104] Entwurf eines Gesetzes zur Beschleunigung des Energieleitungsausbaus v. 28.01.2019, BT-Drs. 19/7375, S. 76.

Die weitere Begründung des Gesetzgebers für diese zusätzliche Belastung des BVerwG erinnert sehr stark an die bisherige Rechtfertigung der Sonderzuständigkeit nach §50 Abs.1 Nr.6 VwGO. Verfassungsrechtlich bewegt sich aber auch diese Erweiterung des höchstgerichtlichen Zuständigkeitsbereichs noch innerhalb der zulässigen Grenzen. Man dürfte darin eine „Abrundungszuständigkeit" zu den sonstigen erstinstanzlichen Zuständigkeiten des BVerwG im Bereich des prioritären, deutschen Netzausbaus nach §1 Abs.3 S.1 EnLAG und §6 S.1 BBPlG erblicken können.

Konkret lässt sich die folgende Begründung zu den qualitativen verfassungsrechtlichen Anforderungen des Art. 95 GG im Hinblick auf die Ausweitung der erstinstanzlichen Zuständigkeit des BVerwG auf die Veränderungssperre finden:[105]

„Die erstinstanzliche Zuständigkeit des Bundesverwaltungsgerichts stellt eine Ausnahme dar. Sie ist aber im vorliegenden Fall geboten. Denn nur auf diese Weise wird eine erhebliche Verfahrensbeschleunigung erzielt, indem die Dauer möglicher gerichtlicher Verfahren verkürzt wird. Im Vergleich zum Rechtschutzverfahren vor dem (Ober-)Verwaltungsgericht entfällt das Risiko eines anschließenden Revisionsverfahrens beim Bundesverwaltungsgericht. In einem Revisionsverfahren ist es möglich, dass das Revisionsgericht das Verfahren wieder an das (Ober-)Verwaltungsgericht verweist, um eine weitere Sachaufklärung zu ermöglichen. Dieses kann letztendlich zu einer erheblichen Verzögerung bezüglich der Realisierung der erforderlichen Netzausbauvorhaben führen.

Indem das Bundesverwaltungsgericht die abschließende Entscheidungsbefugnis über die Auslegung und Anwendung des BBPlG hat, wird eine einheitliche Rechtsauslegung gewährleistet, was letztendlich der Verfahrensbeschleunigung dient.

Der Netzausbau ist erforderlich, um langfristig die Versorgungssicherheit zu gewährleisten. Eine sichere Energieversorgung ist von überragender Bedeutung für das gesamtstaatliche Gemeinwohl. Deshalb muss schnellstmögliche Rechts- und Planungssicherheit erzielt werden."

Zur quantitativen Begrenzung der gerichtlichen Belastung führt der Gesetzgeber aus:[106]

„Der Bundesbedarfsplan enthält aktuell insgesamt 16 als länderübergreifend oder grenzüberschreitend gekennzeichnete Vorhaben, für die der Anwendungsbereich des NABEG eröffnet ist. Nur für diese Vorhaben greift die Veränderungssperre nach der vorliegenden Regelung. Für die Entscheidung über die Planfeststellung ist das Bundesverwaltungsgericht bereits erstinstanzlich zuständig. Dazu gehören auch Entscheidungen, die im Zusammenhang mit der Planfeststellung stehen, z.B. die Entscheidung über Vorarbeiten i.S.d. §18 Absatz 3 NABEG i.V.m. §44 EnWG. Bislang nicht erfasst ist die Veränderungssperre.

Durch die enumerative Bezeichnung der Vorhaben wird die Zuständigkeitsbegründung in quantitativer Hinsicht begrenzt. Im Ergebnis ist damit das Regel-Ausnah-

---

[105] Entwurf eines Gesetzes zur Beschleunigung des Energieleitungsausbaus v. 28.01.2019, BT-Drs. 19/7375, S.76.

[106] Entwurf eines Gesetzes zur Beschleunigung des Energieleitungsausbaus v. 28.01.2019, BT-Drs. 19/7375, S.76 f.

me-Prinzip gewahrt. Es ist nicht zu erwarten, dass für jedes Vorhaben eine Veränderungssperre erlassen wird. Bislang wurde im Rahmen der laufenden Verfahren von der Vorschrift noch kein Gebrauch gemacht. Es ist dementsprechend nicht zu erwarten, dass eine große Anzahl von Rechtsstreitigkeiten anfallen wird. Im Ergebnis ist nach der derzeit möglichen Prognose davon auszugehen, dass durch die Verweisung an das Bundesverwaltungsgericht keine unvertretbaren Beeinträchtigungen der Kernaufgaben des Bundesverwaltungsgerichts als Revisionsgericht ausgelöst werden.

Insgesamt ist die ausnahmsweise Verlagerung zum Bundesverwaltungsgericht erforderlich, um auch bei der Ausgestaltung des Verwaltungsgerichtsverfahrens einen notwendigen Beitrag zur erforderlichen Beschleunigung des Ausbaus des Übertragungsnetzes zu leisten."

Diese gesetzgeberische Einschätzung zu sowohl den qualitativen als auch den quantitativen Anforderungen an eine erstinstanzliche Zuständigkeit des BVerwG, die durch die Verfassung vorgezeichnet werden, dürfte im Hinblick auf die energiewirtschaftliche Veränderungssperre in § 6 S. 2 BBPlG nicht zu beanstanden sein.

Dies gilt auch für die gesetzgeberische Begründung, die eine Ausweitung der erstinstanzlichen Zuständigkeit des BVerwG für Streitigkeiten zum vorzeitigen Beginn erläutert. In diesem Rahmen nimmt der Gesetzgeber sowohl das EnLAG als auch das BBPlG in Bezug und zieht außerdem eine Parallele zu weiteren Bereichen des Infrastrukturrechts:[107]

„Im Bundesfernstraßengesetz, im Allgemeinen Eisenbahngesetz und im Bundeswasserstraßengesetz ist dort ebenfalls eine Zuständigkeitsverweisung an das BVerwG vorgesehen. Diesem Ansatz folgt der vorliegende Entwurf.

Durch die Zuständigkeit des Bundesverwaltungsgerichts wird eine einheitliche Befassung und Entscheidungsgeschwindigkeit für Entscheidungen gewährleistet, die Vorhaben aus dem Bundesbedarfsplangesetz oder Energieleitungsausbaugesetz betreffen. Könnte der Planfeststellungsbeschluss für ein solches Vorhaben vor dem Bundesverwaltungsgericht angegriffen werden, während der vorzeitige Baubeginn den normalen Instanzenzug durchlaufen müsste, könnte der Beschleunigungseffekt der Rechtswegverkürzung in § 6 BBPlG zunichte gemacht werden.

Die erstinstanzliche Zuständigkeit des Bundesverwaltungsgerichts stellt eine Ausnahme dar. Sie ist aber im vorliegenden Fall geboten. Denn nur auf diese Weise wird eine erhebliche Verfahrensbeschleunigung erzielt, indem die Dauer möglicher gerichtlicher Verfahren verkürzt wird. Im Vergleich zum Rechtschutzverfahren vor dem (sic!) (Ober-) Verwaltungsgerichten entfällt das Risiko eines anschließenden Revisionsverfahrens beim Bundesverwaltungsgericht. In einem Revisionsverfahren ist es möglich, dass das Revisionsgericht das Verfahren wieder an das (Ober-)Verwaltungsgericht verweist, um eine weitere Sachaufklärung zu ermöglichen. Dieses kann letztendlich zu einer erheblichen Verzögerung bezüglich der Realisierung der erforderlichen Netzausbauvorhaben führen.

Indem das Bundesverwaltungsgericht die abschließende Entscheidungsbefugnis über die Auslegung und Anwendung des Bundesbedarfsplangesetzes und des Energie-

---

[107] Entwurf eines Gesetzes zur Beschleunigung des Energieleitungsausbaus v. 28.01.2019, BT-Drs. 19/7375, S. 65.

leitungsausbaugesetzes hat, wird eine einheitliche Rechtsauslegung gewährleistet, was letztendlich der Verfahrensbeschleunigung dient.

Der Netzausbau ist erforderlich, um langfristig die Versorgungssicherheit zu gewährleisten. Eine sichere Energieversorgung ist von überragender Bedeutung für das gesamtstaatliche Gemeinwohl, deshalb muss schnellstmögliche Rechts- und Planungssicherheit erzielt werden."

Abschließend darf damit festgehalten werden, dass die Regelungen des § 1 Abs. 3 EnLAG wie auch des § 6 BBPlG als verfassungskonform einzustufen sind.

IV. Rechtliche Schranken des Gesetzgebers bei der Verleihung eines Sonderrechts für bestimmte Vorhaben

1. Ausgangspunkt

Die Bedarfsplanung durch den deutschen Gesetzgeber hat immer wieder die Frage nach ihrer verfassungsrechtlichen Zulässigkeit aufgeworfen. Begründet wurden Befürchtungen einer Unzulässigkeit mit dem Interventionspotenzial legislativer Einflussnahme auf üblicherweise der Exekutive überlassene Planungs- und Entscheidungsprozesse. Insbesondere wurde eine Verkürzung des Rechtsschutzes moniert;[108] schließlich werde die Beschleunigungswirkung bei der legislativen Bedarfsplanung durch eine Verkürzung von – mitunter auch drittschützenden – Verfahrensschritten erkauft.[109]

2. Legislative Planungsakte und Gewaltenteilung

a) Detailplanungen

Der Problemkreis bedarf einer näheren Analyse. Wäre nämlich die legislative Bedarfsplanung wirklich unzulässig, entfielen damit die wesentlichen Bausteine des EnLAG oder des BBPlG und der privilegierte Netzausbau fiele in sich zusammen. Betrachtet man nunmehr genauer die Frage nach der verfassungsrechtlichen Zulässigkeit legislativer Bedarfsplanung, so muss man zunächst die Planung den Gewalten zuordnen. Hierbei darf man zunächst feststellen, dass auch ein Gesetzgeber *planerisch* aktiv werden darf. Im Spannungsverhältnis zum exekutiven Aktionsraum, der in gewissen Grenzen durch das Gewaltenteilungsprinzip nach Art. 20 Abs. 2 S. 2 gesichert ist,[110] ist die Planung nicht per se

---

[108] *Holznagel/Nagel*, Verfahrensbeschleunigung nach dem Energieleitungsausbaugesetz – Verfassungsrechtliche Grenzen und Alternativen, DVBl. 2010, S. 669 (673); *Gramlich*, „Sonst gehen bald die Lichter aus" – Rechtsfragen des Ausbaus von Hochspannungsnetzen im Lichte des Verfassungsrechts, LKV 2008, S. 530 (536).

[109] Siehe hierzu bereits oben unter A., III., 2.

[110] Vgl. zum Gewaltenteilungsprinzip etwa BVerfG, Beschl. v. 17.07.1996 – 2 BvF 2/93 –,

ausschließlich der Exekutive zugeordnet; ein gesetzlicher Zugriff ist also möglich.[111] In diesem Sinne stellt das BVerfG fest:[112]

„Auch Detailpläne im Bereich der anlagenbezogenen Fachplanung, die konkrete Regelungen hinsichtlich eines einzelnen Vorhabens treffen, sind einer gesetzlichen Regelung zugänglich.

aa) Dem Grundgesetz kann nicht entnommen werden, daß es von einem Gesetzesbegriff ausgeht, der nur generelle Regelungen zuläßt. Dies bestätigen sowohl Art. 19 Abs. 1 S. 1 GG, der Einzelfallgesetze nicht generell, sondern nur in seinem Gewährleistungsbereich ausschließt, als auch Art. 14 Abs. 3 S. 2 GG, der dem Gesetzgeber ausdrücklich die Möglichkeit der Enteignung durch Gesetz eröffnet. Mit der Planung eines einzelnen Vorhabens greift der Gesetzgeber mithin nicht notwendig in die Funktion ein, die die Verfassung der vollziehenden Gewalt oder der Rechtsprechung vorbehalten hat (vgl. BVerfGE 25, 371 (398) = NJW 1969, 1203).

bb) Parlamente sind auch nach ihren Aufgaben und ihren Verfahren durchaus zu einer anlagenbezogenen Fachplanung in der Lage. Der parlamentarische Gesetzgeber vollzieht mit seiner Entscheidung für oder gegen die planerische Zulassung eines Vorhabens nicht andere Gesetze, insbesondere des Planungsrechts, sondern trifft eine eigenständige gestaltende Regelung, die das Vorhaben von der Zulassungsbedürftigkeit nach anderen Gesetzen befreit und der Entscheidung zugleich die sonst an einen Planfeststellungsbeschluß gesetzlich geknüpften materiellen Wirkungen verleiht. Deshalb sind auch Planfeststellungen einer Mehrheitsentscheidung zugänglich."

Allerdings besteht das Zugriffsrecht des Gesetzgebers nicht unbeschränkt.[113] Sofern der Gesetzgeber konkrete – also endgültige bzw. abschließende – (Fach-) Planungsentscheidungen trifft, ist ihm dieser Weg nur im Ausnahmefall eröffnet; dies erfordert die Beachtung des Grundsatzes der Gewaltenteilung.[114] Die besonderen Erfordernisse für den Legislativakt sind zudem darzulegen. Das BVerfG stellt zu einer Planungsentscheidung fest:[115]

„Weitere Schranken ergeben sich aus dem Grundsatz der Gewaltenteilung insofern, als diese auf die gegenseitige Mäßigung und Kontrolle der Staatsorgane ausgerichtet ist und mithin auch grundrechtsschützende Funktionen erfüllt. Eine Entscheidung über eine *konkrete Fachplanung* ist nach den einschlägigen Fachplanungsgesetzen üblicherweise der Verwaltung vorbehalten, die dafür den erforderlichen Verwaltungsapparat und Sachverstand besitzt. Das Parlament darf durch Gesetz eine solche Entscheidung nur dann an sich ziehen, wenn hierfür *im Einzelfall gute Gründe* bestehen, etwa weil die

---

BVerfGE 95, S. 1 (15); BVerfG, Urt. v. 14.07.1998 – 1 BvR 1640/97 –, BVerfGE 98, S. 218 (251 f.); BVerfG, Beschl. v. 30.06.2015 – 2 BvR 1282/11 –, BVerfGE 139, S. 321 Rn. 125.

[111] *Appel*, in: Säcker (Hrsg.), Energierecht, 2018, Vorb. zu § 1 BBPlG Rn. 37.

[112] Siehe BVerfG, Beschl. v. 17.07.1996 – 2 BvF 2/93 –, BVerfGE 95, S. 1 (17).

[113] Siehe *Jarass*, in: Jarass/Pieroth, GG, 2020, Art. 20 Rn. 35.

[114] Vgl. auch BVerfG, Beschl. v. 11.07.2013 – 2 BvR 2302/11 –, BVerfGE 134, S. 33 Rn. 128; BVerfG, Beschl. v. 30.06.2015 – 2 BvR 1282/11 –, BVerfGE 139, S. 321 Rn. 127 mit denselben Anforderungen an Fälle des schlichten Normenvollzugs, die noch höhere Anforderungen an die „Übernahme" der Entscheidung durch den Gesetzgeber erfordern dürften. Siehe zudem *Grzeszick*, in: Maunz/Dürig, GG, Stand 2019, Art. 20 V Rn. 103.

[115] BVerfG, Beschl. v. 17.07.1996 – 2 BvF 2/93 –, BVerfGE 95, S. 1 (17). Hervorhebung nicht im Original.

schnelle Verwirklichung des Vorhabens von besonderer Bedeutung für das Gemeinwohl ist. Insofern steht dem Gesetzgeber ein Beurteilungs- und Einschätzungsspielraum zu."

b) Bedarfsplanungen

Gänzlich anders stellt sich die Situation dar – und diesbezüglich muss unterschieden werden –, wenn der Gesetzgeber bei seiner legislativen Entscheidung lediglich *geringfügig* in den exekutiven Handlungsraum vordringt, indem er der Verwaltung hinreichende Spielräume belässt und gerade nicht abschließend über das Vorhaben entscheidet. Damit beachtet der Gesetzgeber nicht nur die Wertungen des Gewaltenteilungsprinzips. Zugleich verbleiben betroffenen Bürgern und Gemeinden hinreichende Ansatzpunkte, um im Rahmen eines Rechtsschutzes gegen die behördlichen Planungs- und Zulassungsentscheidungen die eigenen Interessen und Belange vorzutragen. Dies bestätigt auch das BVerfG zum Bundesschienenwegerecht:[116]

„Zwar stieße es auf verfassungsrechtliche Bedenken, wenn die angegriffenen Vorschriften dahingehend auszulegen wären, daß sie der Sache nach bereits endgültig über die Durchführung des Verkehrsprojekts auf dem Gebiet der Bf. entschieden und so den Bf. die Möglichkeit abschnitten, ihre Belange in die Entscheidung einzubringen (vgl. BVerfGE 56, 298 [313 ff] = NJW 1981, 1659; BVerfGE 76, 107 [119 ff und 122] = NVwZ 1988, 47). Eine solche Auslegung des Bundesschienenwegeausbaugesetzes ist jedoch weder durch dessen Wortlaut vorgezeichnet noch vom Gesetzgeber gewollt. Der Gesetzgeber hat sich mit dem Bundesschienenwegeausbaugesetz vielmehr an dem Vorbild des Fernstraßenausbaugesetzes (FStrAbG) orientiert, dessen Festlegungen im Bedarfsplan lediglich für die Feststellungen des Bedarfs verbindlich sind (§ 1 II FStrAbG), von der fachgerichtlichen Rechtsprechung aber nicht auch für die Linienbestimmung und Trassierung oder für die Abwägung als verbindlich angesehen werden (vgl. BVerwGE 71, 166 [171 f] = NVwZ 1986, 80 = NVwZ 1986, 121; vgl. auch BVerwGE 84, 123 [126] = NVwZ 1990, 860).

Daß durch das Bundesschienenwegeausbaugesetz demgegenüber eine prinzipiell weitergehende Bindung der Verwaltung geregelt werden sollte, ist nicht ersichtlich. Wie im Recht des Fernstraßenausbaus findet auch im Recht des Ausbaus von Schienenwegen eine endgültige Entscheidung erst im Rahmen der Verwaltungsentscheidungen statt, so daß es den Bf. unbenommen bleibt, die Berücksichtigung ihrer Belange rechtzeitig gegenüber der Verwaltung geltend zu machen. Mit dieser sich schon einfach-gesetzlich anbietenden, verfassungsrechtlich aber auch gebotenen Auslegung kommt ein Verstoß der angegriffenen Vorschriften gegen Art. 28 II 1 GG nicht in Betracht."

Das vom BVerfG in den Blick genommene Bundesschienenwegeausbaugesetz entspricht strukturell im Wesentlichen der Regelungskonzeption des EnLAG und des BBPlG. Beide Gesetzeswerke bestimmen ebenfalls lediglich Anfangs- und Endpunkte – gegebenenfalls auch Zwischenstationen bzw. „Stützpunkte" – bestimmter energiewirtschaftlicher Infrastrukturprojekte, überlassen im Übrigen jedoch die Ermittlung des Trassenverlaufs und der örtlichen Bestimmung

---

[116] BVerfG, Beschl. v. 19.07.1995 – 2 BvR 2397/94 –, BVerfG, NVwZ 1996, S. 261 (261). Ähnlich BVerfG, Beschl. v. 08.06.1998 – 1 BvR 650/97 –, NVwZ 1998, S. 1060 (1060).

von Nebenanlagen vollständig der Exekutive.[117] Dies bedeutet, dass mit der Bedarfsfeststellung im EnLAG oder BBPlG zunächst keine verbindliche Feststellung getroffen ist, an welchem Standort mögliche Nebenanlagen platziert sind, also etwa Konverter errichtet werden können.[118] Wie sogar den Gesetzesmaterialien zu entnehmen ist, entscheidet sich die Frage nach dem Standort damit

„erst in den nachfolgenden Planungsschritten in den dafür vorgesehenen Verfahren"[119]

und orientiert sich

„an der technischen Machbarkeit, der Raum- und Umweltverträglichkeit sowie der Wirtschaftlichkeit".[120]

Dies kann sogar dazu führen, dass Nebenanlagen, wie Konverter,

„auch zehn Kilometer oder mehr von dem verbindlichen Netzverknüpfungspunkt entfernt gelegen sein (können) und z.B. über eine Stichleitung mit dem benannten Netzverknüpfungspunkt verbunden werden."[121]

Die verbleibenden Spielräume betreffen aber nicht nur erfasste Nebenanlagen. Sie beziehen sich auch auf den konkreten Verlauf der gesetzgeberisch gewünschten Trassen. Im schlimmsten Fall kann dies provozieren, dass von dem Vorhaben insgesamt Abstand genommen wird.[122] So gibt die Aufnahme eines Vorhabens in den Bedarfsplan keine Auskunft darüber, ob das Vorhaben auch realisiert werden kann.[123] Es ist auch gar nicht die Aufgabe der Bundesbedarfsplanung, eine vollumfängliche Abwägung – die anderenfalls notwendig wäre – durchzuführen, um die Realisierungsmöglichkeit bzw. Realisierungsart des Vorhabens abschließend zu beurteilen.[124] Vielmehr liegt es an den nachfolgenden Planungsebenen und Entscheidungsverfahren, sich dieser Thematik näher zu widmen und

---

[117] *Ohms/Weiss*, in: Säcker (Hrsg.), Energierecht, 2018, § 1 EnLAG Rn. 11; *Bunge*, Ausbau des Übertragungsnetzes: der rechtliche Rahmen, UVP-Report 2012, S. 138 (142); *Elspaß*, Planung und Genehmigung von Nebenanlagen im Kontext der Bedarfsplanung für Höchstspannungsleitungen, NVwZ 2014, S. 489 (490); *Posser*, in: Kment, EnWG, 2019, § 12e Rn. 38; *Antweiler*, Bedarfsplanung für den Stromnetzausbau – Rechtsverstöße und Rechtsfolgen, NZBau 2013, S. 337 (338).

[118] BT-Drs. 17/12638, S. 29; *Schink*, in: Schink/Versteyl/Dippel, NABEG, 2016, § 5 Rn. 83.

[119] BT-Drs. 17/13258, S. 19.

[120] BT-Drs. 17/13258, S. 19.

[121] BT-Drs. 17/13258, S. 19; vgl. dazu auch *Schaller/Henrich*, Aktuelle Rechtsfragen der Bundesfachplanung, UPR 2014, S. 361 (367).

[122] BVerfG, Beschl. v. 08.06.1998 – 1 BvR 650/97 –, NVwZ 1998, S. 1060 (1060); BVerwG, Beschl. v. 11.11.2002 – 4 BN 52/02 –, NVwZ 2003, S. 207 (208); BVerwG, Urt. v. 15.01.2004 – 4 A 11/02 –, BVerwGE 120, S. 1 = NVwZ 2004, S. 732 (733) – die maßgebliche Stelle ist nicht in der amtlichen Sammlung abgedruckt.

[123] BVerwG, Urt. v. 24.02.2004 – 4 B 101/03 –: „Als solcher ist er (der Bedarfsplan) nicht dazu bestimmt und geeignet, Auskunft über die Realisierbarkeit konkreter Infrastrukturmaßnahmen zu geben."

[124] BVerwG, Urt. v. 12.12.1996 – 4 C 29/94 –, BVerwGE 102, S. 331 (344); BVerwG, Urt. v.

„sich mit der Frage auseinanderzusetzen, ob in der Abwägung unüberwindliche gegenläufige Belange dazu nötigen, von der Planung Abstand zu nehmen. Ein dem Bedarf entsprechendes Vorhaben kann an entgegenstehenden Belangen scheitern (vgl. BVerwGE 98, 339 = NVwZ 1996, 381 und BVerwGE 100, 238 = NVwZ 1996, 788 = NJW 1997, 144 = NZV 1996, 334)."[125]

Angesichts dieser weiten Entscheidungsspielräume der nachfolgenden Planungs- und Planfeststellungsbehörden bestehen keine verfassungsrechtlichen Bedenken hinsichtlich der Zulässigkeit der energiewirtschaftlichen Bedarfsplanung unter dem Aspekt der Gewaltenteilung.[126]

Bemerkenswert ist an dieser Stelle, dass aus verfassungsrechtlicher Sicht der Gesetzgeber durch das Gebot der Gewaltenteilung angehalten wird, bei Infrastrukturplanungen von konkreten Festlegungen möglichst Abstand zu nehmen und Planungsspielräume auf der Seite der Exekutive zu belassen. Eine dementsprechende „Offenheit" der gesetzlichen Determination ist somit verfassungsrechtlich zu begrüßen; hierauf wird noch zurückzukommen sein.[127]

3. Plausibilität der gesetzlichen Regelung

Obschon der Gesetzgeber selbst die Bindung an seine Bedarfsentscheidungen in § 1 Abs. 2 S. 4 EnLAG und § 1 BBPlG normiert, unterliegt auch er gewissen, wenn auch weiten Grenzen.[128] So entspricht es einem gefestigten Grundsatz der Rechtsprechung, dass ein Gericht nicht in jedem Fall an die gesetzlichen Feststellungen gebunden ist. Der Gesetzgeber überschreitet seinen Gestaltungsrahmen und verliert seine Bindungsmacht, wenn

„die Feststellung des Bedarfs evident unsachlich ist".[129]

Der Maßstab dieser evidenten Unsachlichkeit ist vergleichsweise großzügig. Die Grenze zulässigen, legislativen Handelns ist erst dann überschritten,

„wenn es (...) für das Vorhaben offenkundig keinerlei Bedarf gibt, der die Annahmen des Gesetzgebers rechtfertigen könnte."[130]

15.01.2004 – 4 A 11/02 –, BVerwGE 120, S. 1 (4); *Appel*, in: Säcker (Hrsg.), Energierecht, 2018, Vorb. zu § 1 BBPlG Rn. 35.

[125] BVerwG, Urt. v. 01.09.1997 – 4 A 36/96 –, NVwZ 1998, S. 508 (512).

[126] Unbegründet ist insofern die Sorge von *Hobbeling*, Die Entwicklung der energierechtlichen Pflichten der Übertragungsnetzbetreiber, 2010, S. 422.

[127] Siehe nachfolgende Ausführungen unter C., III, 1., a), aa) und 2., b), aa) und 3., b), aa).

[128] Siehe auch *Appel*, in: Säcker (Hrsg.), Energierecht, 2018, Vorb. zu § 1 BBPlG Rn. 18. Siehe außerdem *Köck*, Die Bedarfsplanung im Infrastrukturrecht, ZUR, 2016, S. 579 (584); *Ziekow*, Vorhabenplanung durch Gesetz: Verfassungsrechtliche und prozedurale Anforderungen an die Zulassung von Verkehrsinfrastrukturen durch Maßnahmengesetz, 2019, S. 75.

[129] BVerwG, Beschl. v. 16.01.2007 – 9 B 14/06 –, NVwZ 2007, S. 462 (463); ähnlich BVerfG, Beschl. v. 08.06.1998 – 1 BvR 650/97 –, NVwZ 1998, S. 1060 (1060); BVerwG, Urt. v. 26.10.2005 – 9 A 33/04 –, Rn. 22.

[130] BVerwG, Beschl. v. 16.01.2007 – 9 B 14/06 –, NVwZ 2007, S. 462 (463); ähnlich BVerwG, Urt. v. 03.12.1998 – 4 C 7/98 –, NVwZ 1999, S. 528 (529).

Von einer evidenten Unsachlichkeit kann man zudem sprechen, wenn es

„an jeglicher Notwendigkeit fehlte oder wenn sich die Verhältnisse seit der Bedarfsentscheidung des Gesetzgebers so grundlegend gewandelt hätten, dass das angestrebte Planungsziel unter keinen Umständen auch nur annähernd erreicht werden könnte."[131]

Dass ein Fall der evidenten Unsachlichkeit im Anwendungsbereich des EnLAG
oder des BBPlG eingetreten sein sollte, ist nicht erkennbar.[132] Das EnLAG ba-
siert auf einer wissenschaftlichen Studie und zeichnet europäische Ausbauinte-
ressen nach, das BBPlG entsteht in einem mehrstufigen Planungsprozess unter
Einbringung fundierten Fachwissens der Übertragungsnetzbetreiber und der
BNetzA sowie unter Einbeziehung der Öffentlichkeit. Hierdurch ist eine fach-
liche Absicherung der Bedarfsplanung gewährleistet. Überdies sieht § 3 EnLAG
und § 5 BBPlG Berichts- bzw. Informationspflichten vor, die den Gesetzgeber
in regelmäßigen Abständen über die Projektentwicklung und ihre Rahmenbedingungen informieren.[133] Die Legislative ist somit in die Lage versetzt,
rechtzeitig auf Bedarfsveränderungen zu reagieren.[134]

---

[131] BVerwG, Urt. v. 12.03.2008 – 9 A 3/06 –, BVerwGE 130, S. 299 Rn. 43
[132] BVerwG, Urt. v. 18.07.2013 – 7 A 4/12 –, BVerwGE 147, S. 184 Rn. 36.
[133] Siehe hierzu *Lecheler/Steinbach*, in: Steinbach/Franke (Hrsg.), Kommentar zum Netzausbau, 2017, § 3 EnLAG Rn. 197 ff.
[134] Siehe dazu auch BVerfG, Beschl. v. 08.06.1998 – 1 BvR 650/97 –, NVwZ 1998, S. 1060
(1061).

C. Vorhabenidentifikation

I. Bestimmungstypik

1. Begriffliche Klärung

Der konkreten Definition der durch das EnLAG und das BBPlG bestimmten Projekte durch Netzverknüpfungspunkte ist in der Vergangenheit wenig juristische Aufmerksamkeit geschenkt worden.[1] Bisweilen wurde in der rechtlichen Auseinandersetzung auch nicht immer klar zwischen verwendeten Begriffen differenziert. So scheint insbesondere die Abgrenzung zwischen einem Netzverknüpfungspunkt (Umspannwerk), einem Konverterstandort und den in den Anhängen zu EnLAG und BBPlG aufgeführten Ortsbezeichnungen nicht zwangsläufig einheitlich zu verlaufen bzw. die Zusammenhänge werden nicht immer eindeutig erkannt. Dies bedarf einer vorgezogenen Klärung.

Ausgangspunkt der Bedarfsplanung sowohl nach dem EnLAG als auch dem BBPlG ist das Bedürfnis, Lastflüsse elektrischer Energie zu ermöglichen bzw. zu modifizieren. Diese Lastflüsse haben zwangsläufig einen bestimmten räumlichen Bezugspunkt, da sie zwischen verschiedenen Stellen des bestehenden Netzes hergestellt werden sollen, ohnehin existierende Netzverbindungen betreffen oder erstmalig eine Verbindung zwischen einer Energiequelle oder einem Energieverbraucher und dem Transportnetz herstellen sollen.[2]

Die im EnLAG und BBPlG aufgeführten Netzverbindungen betreffen typischerweise Höchstspannungsleitungen, die mit dem übrigen Stromnetz über Umspannwerke verbunden werden sollen.[3] Letztgenannte sorgen dafür, dass die Energie von der Höchstspannungsebene auf die gewünschte Spannungsebene transformiert wird. Handelt es sich bei der fraglichen Stromnetzverbindung zusätzlich um eine HGÜ-Leitung, also eine Leitung, die Gleichstrom transportiert, ist zusätzlich eine Konvertierung des Stroms in Wechselstrom nötig, um die Energie in die nachfolgenden Netze einspeisen zu können.[4] Diese Aufgabe erfüllt dann ein HGÜ-Konverter. Die eigentliche Verbindung zwischen den Netzleitungen wird durch eine Schaltanlage bzw. das Umspannwerk erfüllt. Diese kann mit einem Konverter auf demselben Gelände platziert sein; ein Kon-

---

[1] Siehe allerdings *Appel*, in: Säcker (Hrsg.), Energierecht, 2018, Vorb. zu § 1 BBPlG Rn. 29.

[2] *Appel*, in: Säcker (Hrsg.), Energierecht, 2018, Vorb. zu § 1 BBPlG Rn. 29.

[3] Vgl. zu den Merkmalen der einzelnen Vorhaben die Anlage 1 zu EnLAG und die Anlage 1 zu BBPlG.

[4] *Appel*, in: Säcker (Hrsg.), Energierecht, 2018, Vorb. zu § 1 BBPlG Rn. 30.

verterstandort kann aber auch mehrere Kilometer entfernt angesiedelt werden, sofern über eine Stichleitung eine Verbindung zum Umspannwerk besteht.[5]

Die Umspannwerke bzw. Schaltanlagen bilden den eigentlichen Netzverknüpfungspunkt; hier laufen die Netze verschiedener Spannungsebenen zusammen. Der Konverterstandort ist hiervon zu trennen; er kann – muss aber nicht – in räumlicher Entfernung errichtet sein.

2. Nennung von Ortsnamen, Kreisen, Regionen und Bundesländern

Bei der Beschreibung der konkreten Vorhaben, die der Gesetzgeber mit dem EnLAG oder dem BBPlG privilegieren möchte, greift der Gesetzgeber grundsätzlich nur auf Bezeichnungen von Gemeinden bzw. Gemeindeteilen zurück. So beschreibt er etwa einzelne Vorhaben mit Wehrendorf (EnLAG-Projekt Nr. 2), Bechterdissen (EnLAG-Projekt Nr. 17) oder Emden Ost (BBPlG-Projekt Nr. 34 und 37) und nimmt dabei die entsprechenden Körperschaften in Bezug. Teilweise finden sich aber auch die Bezeichnungen von Landkreisen, wie Kreis Segeberg (BBPlG-Projekt Nr. 42), von Regionen, wie Niederrhein (EnLAG-Projekt Nr. 5) oder gar von Bundesländern, wie etwa Schleswig-Holstein (BBPlG Nr. 33).

Ob mit den großen Gebietskörperschaften tatsächlich auch große räumliche Bereiche gemeint sind oder doch eine parzellenscharfe Zuordnung erfolgt ist, kann man nicht allein auf der Grundlage der jeweiligen Anlagen zum EnLAG oder BBPlG ermitteln. Es bedarf stets einer ergänzenden Betrachtung der Gesetzesmaterialien; die Vorhabenbenennung ist offensichtlich verknappt.

Ergänzend ist anzumerken, dass nach § 1 Abs. 5 EnLAG bzw. nach § 1 Abs. 2 S. 2 BBPlG der Gesetzgeber beider Normwerke festschreibt, dass die aufgeführten Energieleitungen an den jeweiligen Netzverknüpfungspunkten beginnen bzw. enden.[6] Bezugspunkt der räumlichen Umschreibung der privilegierten Projekte ist somit in der Regel ein Netzverknüpfungspunkt.[7]

3. Zentrale Bedeutung von Netzverknüpfungspunkten

Die in § 1 Abs. 5 EnLAG und § 1 Abs. 2 S. 2 BBPlG festgeschriebene Bedeutung der Netzverknüpfungspunkte spiegelt sich auch in den Gesetzesmaterialien wider. So findet sich etwa in der gesetzlichen Begründung zum EnLAG-Projekt Nr. 14 der deutliche Hinweis zum Netzverknüpfungspunkt, der gerade eine

---

[5] *Schink*, in: Schink/Versteyl/Dippel, NABEG, 2016, § 5 NABEG Rn. 83; *Ruge*, Neues vom Netzausbau: Bundesbedarfsplangesetz, EnWZ 2013, S. 435 (436 f.).

[6] Zum Teil sind im EnLAG und BBPlG auch Zwischenstationen bzw. Stützpunkte der aufgenommenen Vorhaben definiert; vgl. etwa EnLAG-Projekt Nr. 14: Niederrhein – Utfort – Osterath oder die BBPlG-Projekte Nr. 7 und 8, mit dezidierten Einzelmaßnahmen.

[7] *Appel*, in: Säcker (Hrsg.), Energierecht, 2018, Vorb. zu § 1 BBPlG Rn. 29.

freie Suche nach Netzverbindungstellen im gesamten Raum Niederrhein ausschließen soll. So heißt es zum EnLAG-Projekt Nr. 14:[8]

„Der Leitungsneubau von der *Station* Niederrhein (Raum Wesel) bis Osterath steht im direkten Zusammenhang mit der Leitung Diele–Niederrhein (dena-Netzstudie I) und der Kuppelleitung Niederrhein–Landesgrenze (NL, Richtung Doetinchem)."

Ähnliche klare Bezüge zu einem Netzverknüpfungspunkt finden sich in den Gesetzesmaterialien zum BBPlG. So nimmt der Gesetzgeber z.B. bei der Definition des früheren Projekts Nr. 5 (ehemals Lauchstädt – Meitingen, jetzt Wolmirstedt – Isar)[9] ausdrücklich auf Standorte von Umspannwerken Bezug. Hier heißt es:[10]

„Das Vorhaben 5 sieht eine Neubaumaßnahme zwischen dem *Umspannwerk* Lauchstädt und dem *Umspannwerk* Meitingen vor."

Vergleichbare Belege finden sich zum Projekt Nr. 17 des BBPlG. Dort stellt der Gesetzentwurf fest:[11]

„Das Vorhaben 17 sieht den Neubau von zwei 380-kV-Systemen zwischen den beiden *Umspannwerken* Mecklar und Grafenrheinfeld vor und erhöht die Übertragungskapazität zwischen Bayern und Hessen."

Die Gesetzesmaterialien belegen, dass mit den im EnLAG und BBPlG aufgeführten Gemeinde-, Kreis-, Regionen- oder Bundeslandbezeichnungen grundsätzlich Netzverknüpfungspunkte (Umspannwerke) gemeint sind. Die Anfangs- und Endpunkte der konkreten Vorhaben sind somit räumlich sehr stark präzisiert und überwiegend parzellenscharf definiert.

4. Gesetzliche Vorhabenbeschreibung durch (Such-)Räume

Die Bestimmung von privilegierten Vorhaben über konkrete Netzverknüpfungspunkte kann jedoch nicht in jedem Fall gelingen. Sind konkrete Netzverknüpfungspunkte noch nicht vorhanden, muss eine Anknüpfung an konkrete bestehende Netzverknüpfungspunkte zwangsläufig ausscheiden.[12] In diesem Fall hat der Gesetzgeber keine andere Wahl, als „Suchräume" vorzugeben, innerhalb derer ein passender Netzverknüpfungspunkt von den nachfolgenden exekutiven Planungs- und Entscheidungsebenen zu schaffen ist und auf den die geplante Netzleitung zulaufen soll. Der Gesetzgeber definiert also in dieser Situation den Bedarf „räumlich" und löst sich von einer punktgenauen Vorhabenumschreibung.

---

[8] BT-Drs. 16/10491, S. 17. Hervorhebung nicht im Original.
[9] Die Änderung erfolgte durch Art. 7 des Gesetzes v. 21.12.2015 (BGBl. I S. 2490).
[10] BT-Drs. 17/12638, S. 19. Hervorhebung nicht im Original.
[11] BT-Drs. 17/12638, S. 19. Hervorhebung nicht im Original.
[12] Vgl. dazu auch *Posser*, in: Kment (Hrsg.), EnWG, 2018, § 12e Fn. 95.

a) BBPlG-Vorhaben Nr. 37: gemeindeweiter Suchraum

Das Phänomen des „Suchraums" lässt sich zunächst bei dem BBPlG-Vorhaben Nr. 37 nachweisen, welches hinsichtlich des Endpunkts Halbemond eine räumliche Bandbreite vorsieht. So heißt es in den Gesetzesmaterialien:[13]

> „Vorhaben Nummer 37: Höchstspannungsleitung Emden Ost – Halbemond
> Beim Vorhaben Nummer 37 handelt es sich um eine 380-kV-Drehstromleitung vom Netzverknüpfungspunkt Emden Ost zum Netzverknüpfungspunkt Halbemond. Zweck des Vorhabens ist insbesondere der Abtransport der Onshore-Windenergie. Zudem ist Halbemond im Offshore-Netzentwicklungsplan 2024 als Netzverknüpfungspunkt für die Offshore-Anbindungsleitung Nordsee-Cluster 3 – Grenzkorridor II – Halbemond (NOR-3-3) vorgesehen, die die in der Nordsee erzeugte Offshore-Windenergie abtransportiert.
> Der *genaue Standort* des neu zu errichtenden Umspannwerks Halbemond wird vom Bundesbedarfsplangesetz *nicht parzellenscharf vorgeschrieben*. Die Suche nach geeigneten Standorten für das neu zu errichtende Umspannwerk wird jedoch durch die *räumliche Bezeichnung* im Bundesbedarfsplangesetz eingegrenzt. Der in nachfolgenden Planungsstufen parzellenscharf festzulegende Standort des Umspannwerks muss einen räumlichen Bezug zu der im Bundesbedarfsplangesetz gewählten Bezeichnung aufweisen."

b) BBPlG-Vorhaben Nr. 42: gemeindeweite Suchräume

Recht ähnlich verhält es sich bei Vorhaben Nr. 42 des BBPlG hinsichtlich der Strecke Kreis Segeberg – Lübeck – Siems – Göhl. Auch dort greift der Gesetzgeber an wesentlichen Stellen auf eine räumliche Umschreibung des Vorhabens zurück. Er eröffnet der Exekutive also einen Suchraum und verzichtet mangels bestehender Netzverknüpfungspunkte notgedrungen auf eine präzise, parzellenscharfe Definition. In den Gesetzesmaterialien findet sich folgender Nachweis:[14]

> „Vorhaben Nummer 42: Höchstspannungsleitung Kreis Segeberg –Lübeck – Siems – Göhl
> Beim Vorhaben Nummer 42 handelt es sich um eine 380-kV-Drehstromleitung, welche die Netzverknüpfungspunkte Kreis Segeberg, Lübeck, Siems und Göhl verbindet. Zweck des Vorhabens ist eine Erhöhung der Übertragungskapazität in Schleswig-Holstein und von Schleswig-Holstein in den Süden. Insbesondere dient es dem Abtransport der Onshore-Windenergie aus der Region Ostholstein sowie der Anbindung der nach Schweden führenden HGÜ-Verbindung ‚Baltic Cable'.

Das Vorhaben umfasst die Einzelmaßnahmen – Maßnahme Kreis Segeberg –Lübeck

– Maßnahme Lübeck – Siems
– Maßnahme Lübeck – Göhl.

Die Maßnahmen haben einen gemeinsamen energiewirtschaftlichen Zweck und stellen ein einheitliches Vorhaben dar.

---

[13] BT-Drs. 18/6909, S. 49. Hervorhebung nicht im Original.
[14] BT-Drs. 18/6909, S. 50. Hervorhebung nicht im Original.

Der *genaue Standort* der neu zu errichtenden Umspannwerke Lübeck und Göhl wird vom Bundesbedarfsplangesetz *nicht parzellenscharf vorgeschrieben*. Die Suche nach geeigneten Standorten für die neu zu errichtenden Umspannwerke wird jedoch durch die *räumliche Bezeichnung* im Bundesbedarfsplangesetz eingegrenzt. Die in nachfolgenden Planungsstufen parzellenscharf festzulegenden Standorte der Umspannwerke müssen einen räumlichen Bezug zu den im Bundesbedarfsplangesetz gewählten Bezeichnungen aufweisen.“

c) BBPlG-Vorhaben Nr. 33: maximaler Suchraum

Schließlich weist der BBPlG sogar das Vorhaben Nr. 33 aus, welches in der Anlage zum BBPlG recht vage gehalten ist und keine konkreten räumlichen Anknüpfungspunkte definiert. Es soll nach dem Verständnis des Bundesgesetzgebers (irgendwo) zwischen Schleswig-Holstein und Südnorwegen verlaufen. Konkrete Netzverknüpfungspunkte sind aber nicht gesetzlich benannt, obschon in Schleswig-Holstein solche existieren. In den Gesetzesmaterialien finden sich hierzu auch keine weiteren Ausführungen.[15] Der Gesetzgeber hat somit einen maximal großen Suchraum vorgegeben, innerhalb dessen Grenzen das Vorhaben realisiert werden soll.

Zu dem konkreten Vorhaben Nr. 33 ist ergänzend anzumerken, dass es inzwischen als erste direkte Netzverbindung zwischen Deutschland und Norwegen genehmigt worden ist. Die Netzverbindung verläuft zwischen den Umspannwerken Wilster (DE) und Tonstad (NO) und wird voraussichtlich im Jahr 2020 in Betrieb genommen.[16]

5. Zwischenergebnis und verfassungsrechtliche Einschätzung

Die bisherigen Ausführungen erlauben es, ein Zwischenfazit zu ziehen. So hat sich herausgestellt, dass die gesetzgeberische Beschreibung der privilegierten Vorhaben des EnLAG und des BBPlG zunächst durchaus weite räumliche Begrifflichkeiten (mitunter sogar Bundesländer) verwendet. Typischerweise sind hiermit allerdings bestehende Netzverknüpfungspunkte gemeint, die sich in den entsprechenden Örtlichkeiten befinden oder gar den gewählten, eigentlich großräumigen Namen tragen (wie der Netzverknüpfungspunkt Niederrhein).

Allerdings geht der Gesetzgeber auch weiter: Sofern er keine Bezugnahme auf einen konkreten Netzverknüpfungspunkt wünscht oder solche Netzverknüpfungspunkte nach seiner Ansicht erst noch geschaffen werden sollen, definiert er Suchräume. Die räumlich umgrenzten Gebiete können sich auf Gemeindegebiete verengen, erlauben aber sogar Suchbereiche nach dem Maßstab eines Bundeslandes (Schleswig-Holstein).

---

[15] Vgl. BT-Drs. 17/12638, S. 22.

[16] Siehe hierzu die Information unter: https://www.tennet.eu/de/unser-netz/internationale-verbindungen/nordlink/ (abgerufen am 17.03.2020).

Verfassungsrechtlich ist weder die eine, noch die andere Herangehensweise bedenklich. Für die punktgenaue, parzellenscharfe Definition von Vorhaben wurde dies nachgewiesen und insbesondere mit dem verbleibenden Prüfungsspielraum der nachfolgenden Exekutiveinheiten erklärt.[17] Für die weite Definition der Vorhaben muss dies umso mehr gelten, belässt diese doch noch größere Spielräume zugunsten der Exekutive.[18]

II. Verbindlichkeit der Projektbeschreibung

1. Grundsätze

Die Variationsbreite gesetzgeberischer Bedarfsfestlegungen darf nicht mit der Frage verwechselt werden, welche Verbindlichkeit eine einmal gesetzgeberisch getroffene Vorhabenbestimmung besitzt. Bildlich geht es also nicht um den Spielraum innerhalb definitorischer Grenzen, sondern um die Festigkeit der Grenzen selbst.

a) Position des BVerwG

Das BVerwG hat in seiner zu Beginn bereits näher dargestellten Entscheidung vom 12.09.2018[19] recht unmissverständlich klar gemacht, dass ein privilegiertes Projekt nach EnLAG (und dies wird wohl auch für solche des BBPlG gelten, da das Gericht sich in diesem Zusammenhang auf Gesetzesmaterialien zum BBPlG beruft)

„durch die Angabe der Netzverknüpfungspunkte *verbindlich* definiert werde."[20]

Ein Ansatzpunkt für eine räumliche Veränderung kommt daher aus Sicht des BVerwG nicht in Betracht, selbst wenn das neue Projekt die energiewirtschaftliche Funktion des Ursprungsvorhabens ebenso oder gar besser erfüllen sollte. Denn, so das BVerwG,

„die Festlegungen des Gesetzgebers dürfen nicht durch Mutmaßungen über seine Motive in Frage gestellt werden".[21]

Dies bedeutet, dass die Verbindlichkeit der gesetzgeberischen Bedarfsermittlung – sofern die Grenzen der evidenten Unsachlichkeit nicht überschritten werden – ein sachliches Infragestellen auch von Seiten der „Begünstigten" aus-

---

[17] Siehe bereits die obigen Ausführungen unter B., IV., 2.

[18] Siehe hierzu auch noch die nachfolgende Darstellung unter C., III., 1., b), aa).

[19] BVerwG, Beschl. v. 12.09.2018 – 4 A 13.17 –, NVwZ-RR 2019, S. 91 Rn. 4. Siehe hierzu ergänzend oben unter A., III.

[20] BVerwG, Beschl. v. 12.09.2018 – 4 A 13.17 –, NVwZ-RR 2019, S. 91 Rn. 4. Hervorhebung nicht im Original.

[21] BVerwG, Beschl. v. 12.09.2018 – 4 A 13.17 –, NVwZ-RR 2019, S. 91 Rn. 4.

schließt und damit zugleich eine Abweichung von den gesetzlich formulierten Vorstellungen verbietet.

b) Analyse der Gesetzesmaterialien

aa) Gesetzgebungsverfahren zur Einführung des BBPlG (2013)

Der Befund des BVerwG findet in den Gesetzesmaterialien zu energiewirtschaftlichen Regelungsvorhaben des Gesetzgebers Rückhalt. So wurde zunächst im Gesetzgebungsverfahren zum Erlass des BBPlG im Jahr 2013 vom Bundesrat der Vorschlag unterbreitet, den § 1 Abs. 2 BBPlG dahingehend mit einer klarstellenden Regelung zu ergänzen, wonach

„(d)ie in der Anlage genannten Netzverknüpfungspunkte (...) keine Verlagerung des Anfangs- oder Endpunktes an einen anderen möglichen Netzverknüpfungspunkt auf dem bedarfsfestgestellten Trassenverlauf aus(schließen)."[22]

Mit dieser Überlegung zur Flexibilisierung der definitorischen, punktuellen Festsetzungen stieß der Bundesrat jedoch auf kein offenes Ohr bei der Bundesregierung. In ihrer Gegenäußerung positioniert sich die Bundesregierung klar und ablehnend:[23]

„Die Bundesregierung greift den Vorschlag nicht auf.
Die vorgeschlagene Unverbindlichkeit der Netzverknüpfungspunkte widerspricht dem Regelungsgehalt des Bundesbedarfsplans sowie der gestuften Planungsfolge der Planungs- und Genehmigungsverfahren für Höchstspannungsleitungen."

Zu einer Anpassung des BBPlG, wie sie der Bundesrat vorgeschlagen hatte, ist es in der Folge nicht gekommen.

bb) Gesetzgebungsverfahren zur Novelle des BBPlG (2015)

Die Frage nach einer Flexibilisierung der strikten Bindung an die Netzverknüpfungspunkte wurde zwei Jahre später erneut aufgeworfen. Der Bundesrat schlug im Rahmen einer Gesetzesinitiative zur Änderung von Bestimmungen des Rechts des Energieleitungsbaus[24] vor, die Vorgaben des § 5 NABEG zu ändern und der BNetzA die Befugnis zuzusprechen, erforderlichenfalls räumlich von den strikten Netzverknüpfungspunkten abweichen zu können. Als neuer § 5 Abs. 1 S. 3 NABEG-E war konkret vorgesehen:

„Die Bundesnetzagentur kann in der Bundesfachplanung zudem die zur Anbindung der Höchstspannungsleitungen erforderlichen Netzverknüpfungspunkte *abweichend von den im Bundesbedarfsplan festgelegten Netzverknüpfungspunkten* bestimmen."[25]

---

22 BT-Drs. 17/12638, S. 25.
23 BT-Drs. 17/12638, S. 29. BT-Drs. 17/12638, S. 25.
24 Siehe BT-Drs. 18/4655.
25 BT-Drs. 18/5581, S. 5. Hervorhebung nicht im Original.

Als Begründung wies der Bundesrat auf Folgendes hin und bestätigte dabei explizit, dass aktuell (de lege lata) keine Abweichungsmöglichkeit einer exekutiven Planungseinheit von den Bestimmungen des BBPlG besteht:[26]

„Die Problematik eines Abweichungsbedürfnisses von den gesetzlich festgelegten Netzverknüpfungspunkten infolge nachgeholter Alternativenprüfung kann sich bundesweit an allen Endpunkten großer Hochspannungsgleichstromübertragungstrassen stellen. (...) Der Regelungsvorschlag geht über den Ansatz hinaus, der bisher vorgeschlagen wurde. Er integriert die im Bundesbedarfsplan festgelegten Netzverknüpfungspunkte in die Bundesfachplanung und unterwirft diese in jedem Fall der planerischen Überprüfung. Dementsprechend enthält der Vorschlag ebenfalls die Kompetenz, die Netzverknüpfungspunkte als Abwägungsergebnis *abweichend von den Vorgaben des Bundesbedarfsplans* festzulegen. (...) *De lege lata* sind die Zielverknüpfungspunkte des Bundesbedarfsplangesetzes *keiner Prüfung der Bundesnetzagentur (BNetzA)* unterworfen. Die Bundesfachplanung, für die die BNetzA zuständig ist, setzt vielmehr auf die durch den Gesetzgeber festgelegten Start- und Zielverknüpfungspunkte auf. Es besteht dementsprechend auch *keine fachplanerische Kompetenz*, bei den letztendlich festgelegten Trassenkorridoren von den Vorgaben des Bundesbedarfsplangesetzes abzuweichen. (...) § 5 Absatz 1 Satz 3 des Vorschlags stellt zudem klar, dass Ergebnis der Bundesfachplanung ein Korridor sein kann, bei dem der Netzverknüpfungspunkt von dem im Bundesbedarfsplangesetz vorgesehenen Netzverknüpfungspunkt abweicht."

Dem Vorschlag des Bundesrates ist die Bundesregierung und mit ihr der Bundesgesetzgeber nicht gefolgt. Sehr bewusst hält der Gesetzgeber vielmehr an seiner planerischen Konzeption vom aktuellen rechtlichen Zusammenspiel der gesetzlichen Bedarfsfestlegung, der Planungstätigkeit der Exekutive und der Zulassungsebene (einschließlich der Planfeststellung) fest. Dieses austarierte System werde nach Ansicht der Bundesregierung durch die vorgeschlagene Flexibilisierung gefährdet und die Entlastungswirkung der Bedarfsfestlegung für die nachfolgenden Planungs- und Zulassungsentscheidungen in Frage gestellt. Dies würde des Weiteren nicht nur zu Rechtsunsicherheit führen und den Netzausbau verlangsamen, sondern auch die öffentliche Akzeptanz gefährden. Konkret nimmt die Bundesregierung sehr ausführlich Stellung:[27]

„Die Bundesregierung lehnt eine Abweichung von den im Bundesbedarfsplan festgelegten Netzverknüpfungspunkten im Rahmen der untergesetzlichen Bundesfachplanung dezidiert ab, da sie dem systematischen Zusammenspiel von EnWG, BBPlG und Netzausbaubeschleunigungsgesetz Übertragungsnetz (NABEG) widerspricht. Nach der Gesetzessystematik werden mit dem BBPlG die energiewirtschaftliche Notwendigkeit und der vordringliche Bedarf der im Bundesbedarfsplan genannten Vorhaben mit Anfangs- und Endpunkten verbindlich für die folgenden Planungsstufen festgestellt. Der Bundesbedarfsplan knüpft an die Feststellungen des bestätigten Netzentwicklungsplans an, in dem die Netzverknüpfungspunkte elektrotechnisch geprüft, nachberechnet und bestätigt werden. *Damit entfällt eine erneute energiewirtschaftliche Prüfung im Rahmen der*

---

[26] BT-Drs. 18/5581, S. 6. Hervorhebung nicht im Original.
[27] BT-Drs. 18/5581, S. 11 f. Hervorhebung nicht im Original.

nachfolgenden Planungs- und Genehmigungsverfahren. Anhand dieser Feststellungen wird der Transportbedarf für die Bereiche zwischen den benannten Netzverknüpfungspunkten im Hinblick auf eine Optimierung, eine Verstärkung oder einen Ausbau identifiziert. Der mit der Bundesfachplanung festzulegende Trassenkorridor verläuft folgerichtig zwischen den im Bundesbedarfsplan festgelegten Anfangs- und Endpunkten.

Eine ‚Flexibilisierung' von Netzverknüpfungspunkten im Rahmen der Bundesfachplanung würde das System und insbesondere die Notwendigkeit des BBPlG infrage stellen. Energiewirtschaftliche Prüfungen würden gerade nicht abgeschichtet, sondern verlagert werden. Auch wird der Vorschlag der Komplexität des vermaschten Netzes nicht gerecht, die sich darin niederschlägt, dass jedes einzelne Vorhaben in das gesamte Übertragungsnetz integriert ist. Ändert sich ein Vorhaben im vermaschten Netz, hat dies regelmäßig Auswirkungen auf weitere Vorhaben. Die vor- und nachgelagerten Lastflüsse verschieben sich; das gesamte Übertragungsnetz ist erneut auf seine Konsistenz hin zu überprüfen und gegebenenfalls anzupassen. Dies erfordert grundsätzlich eine vollständige Neuberechnung des Netzentwicklungsplans. Die vorgeschlagene Möglichkeit, von den Netzverknüpfungspunkten abzuweichen, würde bedeuten, dass jedes einzelne Bundesfachplanungsverfahren komplette Berechnungen des gesamten Übertragungsnetzes für alternative Netzverknüpfungspunkte beinhalten müsste.

Zudem würde eine erneute Prüfung der Netzverknüpfungspunkte in jedem Stadium der Bundesfachplanung als Alternativen die Zahl der zu prüfenden Alternativen völlig ausufern lassen. Die Auswahl von Trassenkorridoren unter Verschiebung von Netzverknüpfungspunkten würde die Bundesfachplanung der Beliebigkeit aussetzen. Nicht nur würde mit der damit einhergehenden längeren Suche nach allen Alternativen die angestrebte Beschleunigung des dringend erforderlichen Netzausbaus konterkariert, das Ergebnis wäre zudem nicht nachvollziehbar darzustellen. Damit würde das für eine erfolgreiche Energiewende in Deutschland ganz erhebliche Ziel einer Akzeptanz für den Netzausbau verfehlt. Ferner erzeugt die durch die Beliebigkeit der in dem vorgeschlagenen System getroffenen Entscheidung starke Rechtsunsicherheit, und es ist mit zahlreichen Rechtsstreitigkeiten zu rechnen."

Der von der Bundesregierung eingebrachte Vorbehalt gegenüber dem Regelungsvorschlag des Bundesrates ist in der Sache sicherlich zutreffend. Insbesondere würde die Bindungskraft, die zugleich die nachfolgenden Ebenen von Prüfungspflichten entlastet, in ihrem Kern getroffen und ihrer Beschleunigungskraft beraubt.

c) Zwischenergebnis

Nicht nur Rechtsprechung und Gesetzgeber scheinen sich zur Frage der strikten und verbindlichen Definition der privilegierten Vorhaben durch festgelegte Netzverknüpfungspunkte abschließend zugunsten der strikten Verbindlichkeit positioniert zu haben. Auch sachlich ist dieses Festhalten an den konkret definierten Parametern geboten.

Allerdings ist auch bemerkenswert, dass im vorliegenden Kontext nicht angesprochen wird, dass es durchaus gesetzliche Bedarfsfestsetzungen gibt, die Projekte in Bezug nehmen, die gerade nicht über parzellenscharfe Netzverknüpfungspunkte beschrieben werden. In den Fällen von Suchaufträgen an die nach-

folgenden exekutiven Entscheidungsebenen oder bei der gesetzgeberischen
großzügigen räumlichen Umschreibung des Vorhabens bleiben die *gesetzlichen
Konturen* des Vorhabens sicherlich strikt verbindlich. Variationsbreiten ergeben
sich jedoch durch den gesetzlich eingeräumten Suchraum, der gerade bei groß-
flächigen räumlichen Umschreibungen durchaus mehrere Optionen von Netzverknüpfungspunkten erfassen kann.[28]

2. Konkretisierungsspielräume und Modifikationen

a) Anlehnung an das Raumordnungsrecht

Ungeachtet aller strikter Verbindlichkeit ist es dem Planungsrecht nicht unbe-
kannt, auch bei strikt verbindlichen Vorgaben dem Adressaten gewisse Konkre-
tisierungsspielräume zu belassen. So kennt etwa das Raumordnungsrecht auch
bei strikt bindenden Zielfestlegungen nach § 3 Abs. 1 Nr. 2 ROG einen Konkretisierungsspielraum, um Randunschärfen der großräumigen raumordnungs-
rechtlichen Zielfestlegungen auszuleuchten.[29] Konkret geht es um die Frage,
welche Gestaltungsspielräume nach § 4 ROG strikt verbindliche Zielaussagen
belassen. Hier zeichnet die Rechtsprechung ein differenzierendes Bild. Das
BVerwG erläutert in seinem Beschluss vom 14.04.2010[30] unter Verweis auf seine eigene Rechtsprechung die Abhängigkeit des Gestaltungsspielraums von der
Qualität der Zielfestlegung:[31]

„Die landesplanerische Letztentscheidung beruht auf einem Ausgleich spezifisch landesplanerischer Konflikte und auf einer Abwägung landesplanerischer Gesichtspunkte.
Sie bietet Lösungen, die auf landesplanerischer Ebene keiner Ergänzung mehr bedürfen,
auf der nachgeordneten Planungsstufe der Bauleitplanung jedoch grundsätzlich noch
einer Verfeinerung und *Ausdifferenzierung* zugänglich sind. Wie groß der Spielraum ist,
der der Gemeinde für eigene planerische Aktivitäten verbleibt, hängt vom jeweiligen
Konkretisierungsgrad der Zielaussage ab.“

b) Übertragung auf das Energiewirtschaftsrecht und den Netzausbau

Aus dieser Feststellung zum Raumordnungsrecht kann man Erkenntnisse für
den Netzausbau ableiten. Hält man sich vor Augen, dass der Gesetzgeber in der
überwiegenden Zahl der Fälle mit parzellenscharf definierten Netzverknüpfungspunkten arbeitet, dürfte der Konkretisierungsspielraum zunächst recht
klein sein. Deutlich größer werden demgegenüber die Konkretisierungsoptio-

---

[28] Siehe hierzu auch die nachfolgenden Ausführungen unter C., III.
[29] Vgl. dazu BVerwG, Beschl. v. 24.03.2015 – 4 BN 32/13 –, NVwZ 2015, S. 1452 Rn. 23;
BVerwG, Beschl. v. 30.08.2016 – 4 BN 10/16 –, ZfBR 2017, S. 64 Rn. 7; *Kümper*, in: Kment
(Hrsg.), ROG, 2019, § 3 Rn. 21; *Jarass/Kment*, BauGB, 2017, § 1 Rn. 33.
[30] BVerwG, Beschl. v. 14.04.2010 – 4 B 78/09 –, NVwZ 2010, S. 1026 Rn. 64. Hervorhebung nicht im Original. Siehe auch BVerwG, Beschl. v. 30.08.2016 – 4 BN 10/16 –, ZfBR 2017,
S. 64 Rn. 7; *Jarass/Kment*, BauGB, 2017, § 1 Rn. 33.
[31] BVerwG, Beschl. v. 20.08.1992 – 4 NB 20.91 –, BVerwGE 90, S. 329 (334).

nen in den Fällen, in denen gesetzlich Suchräume vorgesehen sind oder mit breit angelegten Bezugsräumen gesetzlich gearbeitet wird.[32]

Doch selbst bei parzellenscharfen Netzverknüpfungspunkten gibt es Gestaltungsspielräume. So indizieren bereits § 1 Abs. 4 EnLAG und § 1 Abs. 2 S. 1 BBPlG, die von möglichen

„Änderungen an den Netzverknüpfungspunkten"

sprechen. Dies stellt zwar nicht die Verbindlichkeit der Netzverknüpfungspunkte an sich in Frage, da nur von Änderungen „an" den Netzverknüpfungspunkten, nicht aber von Änderungen „der" Netzverknüpfungspunkte die Rede ist. Gleichwohl schließt die in § 1 Abs. 4 EnLAG bzw. § 1 Abs. 2 S. 1 BBPlG angesprochene Änderung an den Netzverknüpfungspunkten eine räumliche Verschiebung eines Netzverknüpfungspunktes etwa im Zuge einer Vergrößerung bzw. Ertüchtigung nicht aus, sofern er seinen ursprünglichen *räumlichen* Charakter nicht wesentlich ändert – also nicht etwa in einem anderen Gemeindegebiet errichtet wird. Hierfür spricht auch, dass der Gesetzgeber selbst zu den Netzverknüpfungspunkten feststellt:

„Netzverknüpfungspunkte können bereits bestehende, zu erweiternde oder neu zu errichtende sein."[33]

Privilegierte EnLAG- oder BBPlG-Projekte müssen somit nicht zwingend an die bestehenden Netzverknüpfungspunkte angeschlossen werden, selbst wenn sie über diese definiert werden. Es ist auch zulässig, den Netzverknüpfungspunkt moderat zu erweitern bzw. an anderer Stelle neu zu errichten, sofern das Wesen des Netzverknüpfungspunktes *räumlich* gewahrt bleibt. Orientiert man sich dabei – was in der überwiegenden Zahl der Fälle möglich sein wird –[34] an den Gemeindegrenzen der im eigentlichen Wortlaut des EnLAG oder BBPlG benannten Gemeinden oder an anderen vom Gesetzgeber gewählten Bezugsräumen, kann sich hieraus sogar ein Suchraum entwickeln, der deckungsgleich wäre mit einem gemeindebezogenen Suchraum, den der Gesetzgeber ausdrücklich selbst angeordnet hätte.[35]

---

[32] Siehe hierzu bereits oben die Ausführungen unter C., I., 4.

[33] BT-Drs. 17/12638, S. 16.

[34] Schwierigkeiten bereiten gesetzliche Bezugnahmen auf Netzverknüpfungspunkte, bei denen die Namensgebung offensichtlich nicht den gesamten Bereich der üblicherweise im allgemeinen Sprachgebrauch damit assoziierten Gebietskörperschaft oder Region umfasst. So ist es etwa im Fall des Netzverknüpfungspunktes Niederrhein. Hier wird man im Einzelfall nach anderen räumlichen Bezugspunkten suchen müssen.

[35] Siehe zu gesetzlich definierten Suchräumen bereits oben C., I., 4.

c) Einfluss des Beschlusses des BVerwG vom 12.09.2018

In eine ähnliche Richtung scheint auch die Auffassung des BVerwG zu tendieren. In seinem Beschluss vom 12.09.2018 hält das Gericht im Zusammenhang mit einer räumlichen Verlagerung des abschließenden Netzverknüpfungspunktes, der für die Identität des Vorhabens maßgeblich war,[36] eine Modifikation oder Konkretisierung des Netzverknüpfungspunktes durchaus für möglich, nimmt diese Fallgestaltung allerdings in der konkreten Situation – wegen der starken räumlichen Veränderung, die sich aus einer Positionsverschiebung von ca. 17 km ergibt – nicht an. Das BVerwG meint:[37]

„Die örtliche Abweichung vom Bedarfsplan erweist sich damit nicht als bloße Modifikation oder Konkretisierung eines Netzverknüpfungspunktes."

Der Aussagegehalt dieser Passage wäre wohl besser erfasst, wenn das Gericht ausgeführt hätte, dass die örtliche Abweichung vom Bedarfsplan sich damit nicht mehr als bloße „noch zulässige" Modifikation oder Konkretisierung eines Netzanknüpfungspunktes erweist.

Man kann nur spekulieren, welchen (Gestaltungs-)Spielraum das Gericht bei dieser Aussage vor Augen hatte. Jedenfalls hat das Gericht die Möglichkeit einer Modifikation oder Konkretisierung grundsätzlich für möglich gehalten.

Die Grenzen einer zulässigen Modifikation oder Konkretisierung dürften dann erreicht sein, wenn sich der Charakter des Vorhabens ändert, insbesondere wenn es seinen Bedarf, der in der Bedarfsplanung angenommen wurde, nicht mehr erfüllen kann oder es zu deutlichen räumlichen Abweichungen kommt. Schließlich hat das BVerwG, wie dargestellt,[38] eine Verkürzung des privilegierten Vorhabens um immerhin ca. 17 km für nicht mehr identitätswahrend qualifiziert und in diesem Fall selbst eine unveränderte Bedarfsabdeckung als unerheblich eingestuft.

3. Nachteile zu starker Konkretisierung

Die engen Grenzen, in denen sich die der legislativen Bedarfsplanung nachgeordneten exekutiven Entscheidungsträger bei ihren Planungen, Planfeststellungen und sonstigen Entscheidungen bewegen, wenn es um die strikt verbindlichen Anfangs- und Endpunkte der privilegierten Vorhaben nach EnLAG und BBPlG geht, führen zu spürbaren Nachteilen.

---

[36] Der Gesetzgeber hat als Reaktion auf die Rechtsprechung des BVerwG den Anfangs- bzw. Endpunkt des Vorhabens geändert; vgl. dazu die obigen Ausführungen unter A., IV.

[37] BVerwG, Beschl. v. 12.09.2018 – 4 A 13.17 –, NVwZ-RR 2019, S. 91 Rn. 4.

[38] Siehe bereits die obige Darstellung unter A., III., 1.

a) Planerischer Widerspruch

Zunächst ist offenkundig, dass die punktgenauen, parzellenscharfen Festlegungen von Anfangs- und Endpunkten in einem planerischen Widerspruch stehen zu den recht großen, bisweilen riesigen, wenn nicht mitunter fast bundesweiten Suchräumen (Ellipsen). In diesen groben Bahnen versucht man, die späteren Trassen zu ermitteln, die unbedingt bei den gesetzlich definierten parzellenscharfen Anfangs- und Endpunkten beginnen bzw. enden sollen.[39] Bildlich erinnert dies fast an ein Großraumflugzeug, das auf einer Briefmarke gelandet werden soll.

b) Sachwidrige Zufälligkeiten

Zudem kann es von Zufälligkeiten abhängen, wenn man nach einer eingehenden (mehrjährigen) Prüfung der Realisierungschancen der anvisierten Trasse unter Verarbeitung aller tangierten Belange und alternativen Streckenverläufe zu dem Ergebnis kommt, dass eine örtliche Verschiebung eines Netzverknüpfungspunktes sachlich erforderlich ist. In einem Fall kann die Projektveränderung bei einer räumlichen Abweichung von 1–2 km vom Ursprungsstandort des Netzverknüpfungspunktes zulässig sein, weil der neue Standort noch im Gemeindegebiet der in EnLAG oder BBPlG benannten Gemeinde liegt und damit als denkbare Konkretisierung zulässig ist.[40] In einem anderen Fall aber wird man zur Unzulässigkeit kommen, da die Gemeindegrenze nicht mehr beachtet werden kann. Diese Zufälligkeit scheint wenig befriedigend.

Diesen Befunden wird man zwar entgegenhalten können, dass eine Bedarfsfeststellung keinen Verwirklichungszwang oder -automatismus auslöst, sondern damit „lediglich" ein Bedarf festgelegt ist.[41] Die gesetzlich eröffneten Chancen und Privilegien *kann* man nutzen, man *muss* dies aber nicht. Zudem ist es in der Konzeption der Bedarfsfestlegung angelegt, dass mit ihr keine Verwirklichungsgarantie einhergeht;[42] hierzu ist bereits die Prüfungstiefe der Bedarfsplanung zu gering.[43] Die Dramatik, aus der Bedarfsplanung „herauszufallen", wird mit dieser Feststellung aber gleichwohl nicht aufgelöst.

---

[39] Man muss sich vor Augen halten, dass mit einem Verfehlen der am Anfang und am Ende befindlichen Netzverknüpfungspunkte mitunter die technischen Anforderungen an das Vorhaben (insbesondere Erdverkabelung oder Freileitung) wechseln können. Dies wiederum hat „dramatische" Folgen für den gesamten Streckenverlauf und die erforderlichen Prüfungen, etwa von Alternativen und Umweltauswirkungen.

[40] Vgl. dazu die obigen Ausführungen unter C., II., 2.

[41] BVerwG, Urt. v. 01.09.1997 – 4 A 36/96 –, NVwZ 1998, S. 508 (512).

[42] BVerwG, Urt. v. 24.02.2004 – 4 B 101/03 –: „Als solcher ist er (der Bedarfsplan) nicht dazu bestimmt und geeignet, Auskunft über die Realisierbarkeit konkreter Infrastrukturmaßnahmen zu geben."

[43] BVerwG, Urt. v. 12.12.1996 – 4 C 29/94 –, BVerwGE 102, S. 331 (344); BVerwG, Urt. v. 15.01.2004 – 4 A 11/02 –, BVerwGE 120, S. 1 (4); *Appel*, in: Säcker (Hrsg.), Energierecht, 2018, Vorb. zu § 1 BBPlG Rn. 35; siehe auch die obigen Ausführungen unter B., IV., 2., b).

4. Handlungsbedarf für einen umsichtigen Gesetzgeber

Aus diesem Grund ist es wichtig zu erkennen, dass der Gesetzgeber durch eine
räumliche Ausweitung seines Bezugspunkts zur Definition der privilegierten
Vorhaben die angesprochenen Widersprüche auflösen könnte. Eine Abkehr von
der parzellenscharfen Definition von EnLAG- oder BBPlG-Vorhaben, wie sie
bei einigen privilegierten Projekten bereits angewandt wird,[44] würde die notwendige Flexibilität schaffen, die das Zusammenspiel zwischen der Bedarfsfeststellung und der umfassenden räumlichen Planung der Energieleitungstrassen
benötigt, um reibungsloser zusammenzufinden und immer wieder auftretende
räumliche Trassenschwankungen abzufedern. Dies würde nicht nur den Netzausbau beschleunigen, sondern auch den Gesetzgeber davon entlasten, die
räumlich notwendigen Verschiebungen des Anfangs- oder Endpunkts privilegierter Trassen im Nachgang korrigieren zu müssen.[45] Rechtfertigt die Bedarfsanalyse eine Anpassung im Nachhinein, trägt sie auch im Vorhinein eine Festschreibung von Räumen bzw. Bereichen, die als Suchräume für den Anfangs-
und Endpunkt der Trasse in Betracht kommen und das Vorhaben gleichwohl
eindeutig definieren.

Ob und welche Flexibilisierungsoptionen der Gesetzgeber besitzt, soll nachfolgend näher untersucht werden.[46]

III. Flexibilisierungsmöglichkeiten des Gesetzgebers

Die bisherige Analyse der Rechtslage hat gezeigt, dass es durchaus ein sachliches Bedürfnis dafür geben kann, die Festlegung von privilegierten Vorhaben
nach EnLAG und BBPlG zu flexibilisieren.[47] Hierzu sind durchaus unterschiedliche Modelle denkbar. So scheint es zum einen möglich, von der punktgenauen, parzellenscharfen Festlegung eines Netzverknüpfungspunktes Abstand zu nehmen und einen größeren räumlichen Bezugspunkt zu wählen, wie
etwa eine Region (Modell 1). Denkbar ist es aber auch, bei der Bestimmung der
privilegierten Vorhaben an der Anknüpfung an konkreten Netzverknüpfungspunkten festzuhalten, hiervon ausgehend aber einen räumlichen Abweichungsradius, z. B. eine Kreisfläche mit 5 km Radius, zuzulassen (Modell 2, 3).

---

[44] Siehe die obigen Ausführungen unter C., I., 4.
[45] Siehe etwa zur notwendigen Korrektur der Anlage zum EnLAG: Art. 4 des Gesetzes
zur Beschleunigung des Energieleitungsausbaus v. 13.05.2019 (BGBl. I S. 706).
[46] Siehe die unmittelbar anknüpfenden Ausführungen unter C., III.
[47] Siehe die obige Darstellung unter C., II., 3., 4.

1. Modell 1: Verwendung größerer Raumeinheiten

a) Ausführungsart

Die Verwendung größerer geographischer Räume zur Bestimmung eines besonders dringend erforderlichen Vorhabens ist kein Novum. Wie die bisherige Analyse gezeigt hat,[48] wird diese Möglichkeit der Projektidentifikation bereits jetzt eingesetzt. So hat der Gesetzgeber etwa beim BBPlG-Vorhaben Nr. 37 (Emden Ost – Halbemond) und beim Vorhaben Nr. 42 (Kreis Segeberg – Lübeck – Siems – Göhl) teilweise von der Verwendung von Verknüpfungspunkten abgesehen und stattdessen einen räumlich begrenzten „Suchauftrag" erteilt. In beiden Fällen ordnet der Gesetzgeber an, dass

„(d)er genaue Standort des neu zu errichtenden Umspannwerks (Ortsname[49]) vom Bundesbedarfsplangesetz nicht parzellenscharf vorgeschrieben (wird). Die Suche nach geeigneten Standorten für das neu zu errichtende Umspannwerk wird jedoch durch die räumliche Bezeichnung im Bundesbedarfsplangesetz eingegrenzt. Der in nachfolgenden Planungsstufen parzellenscharf festzulegende Standort des Umspannwerks muss einen räumlichen Bezug zu der im Bundesbedarfsplangesetz gewählten Bezeichnung aufweisen."[50]

Diese Art der räumlichen Flexibilisierung ist konzeptionell nicht an die Verwendung von Gemeinde- oder Ortsnamen gebunden. Sie kann ebenso gut eine Region, mehrere Gemeindegebiete oder eine Fläche zwischen bestimmten eindeutigen Punkten (z. B. Städten) in Bezug nehmen. Gestaltungsgrenzen ergeben sich grundsätzlich nicht.

Die Flexibilisierung erhält einen maximalen Grad, wenn der Gesetzgeber als räumlichen Bezugspunkt auf das Gebiet eines Bundeslandes abstellt, wie etwa Schleswig-Holstein im Fall des BBPlG-Vorhabens Nr. 33. Selbst diese Art der Gestaltung ist grundsätzlich zulässig.

b) Prüfung der Rechtmäßigkeit

Die Grenzen einer gesetzlichen Bedarfsbestimmung wurden bereits aufgezeigt.[51] Diese ergeben sich zum einen aus der Verfassung,[52] stellen aber auch auf die innere Konsistenz der Bedarfsfestlegung ab.[53]

---

[48] Siehe hierzu die obige Darstellung unter C., I., 4.

[49] Hier ist bei Vorhaben Nr. 37 Halbemond genannt, bei Vorhaben Nr. 42 sind es Lübeck und Göhl.

[50] BT-Drs. 18/6909, S. 49, 50.

[51] Siehe ausführlich hierzu die Darstellung unter B., IV.

[52] Siehe dazu nachfolgend unter C., III., 1., b), aa) und bb).

[53] Siehe dazu nachfolgend unter C., III., 1., b), cc).

aa) Gewaltenteilung

Zunächst gebietet die Beachtung des Gewaltenteilungsgrundsatzes nach Art. 20 Abs. 2 S. 2 GG, dass ein Eingriff der Legislative in den sonst der Exekutive zugeordneten Planungsprozess nicht ohne sachlichen Grund erfolgt. Zudem ist gefordert, dass den Planungs- und Genehmigungsbehörden ein hinreichender Spielraum an Entscheidungsbefugnissen verbleibt; tiefgreifende Eingriffe bedürfen einer besonderen Rechtfertigung.[54]

Hat sich bereits die Bestimmung des Ausbaubedarfs anhand von *konkreten* Netzverknüpfungspunkten als verfassungsrechtlich vereinbar mit dem Gewaltenteilungsprinzip erwiesen, so muss dies erst recht für das Modell 1 gelten, welches einen *zusätzlichen* Aktionsraum zugunsten der Exekutive eröffnet. Nach Maßgabe dieses Modells soll zusätzlich auch die Ermittlung des konkreten Netzverknüpfungspunktes des privilegierten Vorhabens den nachfolgenden Planungsstufen überlassen bleiben. Mit Blick auf das Gewaltenteilungsprinzip ist dies folglich unbedenklich.

bb) Rechtsschutz

(1) Keine zusätzlichen Belastungen erwarten Drittbetroffene (Bürger), wenn der Gesetzgeber bei der Definition der privilegierten Vorhaben mit Anfangs- und Endpunkt-Räumen statt mit konkreten Verknüpfungspunkten arbeitet. Auch im Fall des Einsatzes des Modells 1 bleibt es Dritten unbenommen, ihre Rechte vollumfänglich in den nachfolgenden Planungs- und Zulassungsentscheidungen geltend zu machen.[55] Der Wechsel der Darstellungsart bewirkt insofern keine zusätzlichen Belastungen. Die Gewährleistung des Art. 19 Abs. 4 GG ist folglich nicht negativ tangiert.

(2) Betrachtet man die räumliche Lockerung aus der Sicht der Rechtsprechung, könnte sich ein Widerspruch zu der Sonderregelung des § 1 Abs. 3 EnLAG i. V. m. § 50 Abs. 1 Nr. 6 VwGO bzw. mit § 6 BBPlG i. V. m. § 50 Abs. 1 Nr. 6 VwGO ergeben. Allerdings sind auch derartige Befürchtungen unbegründet.

Die bisherige Untersuchung hat bereits gezeigt,[56] dass die erstinstanzliche Zuständigkeit des BVerwG bei der Anwendung der jetzigen Regeln zum EnLAG und BBPlG vom BVerwG verfassungsrechtlich nicht beanstandet wird. Nichts anderes dürfte gelten, wenn es zu einer räumlichen Lockerung der Anfangs- und Endpunkte des konkreten Projekts kommt. Schließlich wird sich durch eine Definitionsbreite bei der Identifikation von Vorhaben nicht die Zahl der Vorhaben erhöhen (quantitative Anforderung)[57], sondern lediglich deren Konturen undeutlicher erscheinen. Zudem ändern sich durch eine Flexibilisie-

---

[54] Siehe hierzu ausführlich die obige Darstellung unter B., IV., 2.
[55] Siehe zu diesem Kriterium bereits die obigen Ausführungen unter B., IV., 2., b).
[56] Siehe die obige Darstellung unter B., III., 4., b).
[57] Siehe zu diesem Merkmal BVerwG, Urt. v. 18.12.1987 – 4 C 9/86 –, BVerwGE 78, S. 347

rung der Vorhabenbeschreibung im Sinne des Modells 1 nicht die Gründe, die für eine erstinstanzliche Zuständigkeit des BVerwG streiten (qualitative Anforderung)[58]. Eine Flexibilisierung der Beschreibung des Anfangs- und Endpunkts bzw. eine Einführung von Suchräumen lässt die Sorge um die notwendige Versorgungssicherheit auf Seiten der Bevölkerung und der Wirtschaft nicht entfallen. Der drückende Ausbau- und Ertüchtigungsbedarf der Energienetze bleibt vielmehr bestehen.[59]

Gegen eine Anwendung des § 50 Abs. 1 Nr. 6 VwGO in Fällen einer Flexibilisierung der Leitungsanfangs- und Endpunkte spricht auch nicht, dass das BVerwG in seinem Beschluss vom 12.09.2018 auf einer sehr formalen Handhabung der Anfangs- und Endpunktdefinitionen in einem gesetzlichen Bedarfsplan bestand und dies mit dem Ausnahmecharakter der erstinstanzlichen Zuständigkeit des BVerwG begründete.[60] Konkret hatte das Gericht festgestellt:[61]

„Eine formale Sichtweise des Bedarfsplans trägt schließlich dem verfassungsrechtlich gebotenen Ausnahmecharakter des § 50 Abs. 1 Nr. 6 VwGO Rechnung (vgl. BVerwG, Urteil vom 9. Juli 2008 – 9 A 14.07 – BVerwGE 131, 274 Rn. 32): Bei der Zuweisung von Einzelprojekten in die erstinstanzliche Zuständigkeit des Bundesverwaltungsgerichts steht dem Gesetzgeber zwar ein weiter Einschätzungsspielraum zu, die Zuweisung jedes Einzelprojekts muss aber von ausreichend tragfähigen Gründen gerechtfertigt sein (BVerwG, Beschluss vom 26. September 2013 – 4 VR 1.13 – NuR 2013, 800 Rn. 11). Es obliegt dem parlamentarischen Gesetzgeber zu entscheiden, ob er den Neubau einer Leitung von Dörpen an den Niederrhein in den Bedarfsplan nach dem Energieleitungsausbaugesetz aufnimmt. Eine solche Entscheidung hat er nicht getroffen, obwohl dieser Bedarfsplan bereits mehrfach geändert worden ist (vgl. Art. 3 des Gesetzes vom 23. Juli 2013 – BGBl. I S. 2543 – und Art. 5 Nr. 3 des Gesetzes vom 21. Dezember 2015 – BGBl. I S. 2490). Die Durchführung eines förmlichen Gesetzgebungsverfahrens mag insoweit aufwändig erscheinen, beruht aber auf der Entscheidung des Gesetzgebers, im Energieleitungsausbaugesetz Sonderregeln für einzelne Vorhaben zu treffen."

Die formale Herangehensweise bezieht sich nach näherer Analyse des Beschlusses auf den Fall, dass der Gesetzgeber selbst parzellenscharf eine Festlegung getroffen hat. Diese gesetzlich fixierten Grenzen nimmt das BVerwG – zu Recht – sehr ernst.[62] Entscheidet sich der Gesetzgeber jedoch aus eigenem Antrieb zu einer Lockerung der Anfangs- und Endpunktbestimmung, weiten sich zugleich automatisch die rechtlichen Grenzen für die Normadressaten und es entsteht ein Entscheidungsspielraum zugunsten des Vorhabenträgers und der

---

(351); BVerwG, Urt. v. 09.07.2008 – 9 A 14/07 –, BVerwGE 131, S. 274 Rn. 32; *Bier*, in: Schoch/Schneider/Bier, VwGO, Stand 2019, § 50 Rn. 5.

[58] Vgl. hierzu allgemein BVerfG, Urt. v. 04.07.1995 – 1 BvF 2/86 –, BVerfGE 92, S. 365 (410); BVerwG, Urt. v. 22.01.2004 – 4 A 32/02 –, BVerwGE 120, S. 87 (90 ff.); *Appel*, in: Säcker (Hrsg.), Energierecht, 2018, § 6 BBPlG Rn. 6.

[59] Siehe dazu auch B., III., 4., b), bb).

[60] Siehe dazu bereits oben unter A., III., 5.

[61] BVerwG, Beschl. v. 12.09.2018 – 4 A 13.17 –, NVwZ-RR 2019, S. 91 Rn. 8.

[62] Siehe hierzu bereits die obige Darstellung unter C., II., 1., a).

Exekutive. Diese dann verbindlich umschriebenen Bereiche möglicher An-fangs- und Endpunkte wird das BVerwG genauso strikt interpretieren und for-mal berücksichtigen, wie die punktgenauen Anfangs- und Endpunkte zuvor. An der rechtlichen Zulässigkeit ändert sich hierdurch aber nichts. Für eine In-tervention der Rechtsprechung gegen einen Ermittlungsspielraum sind daher keine Gründe ersichtlich.

cc) Evidente Unsachlichkeit

Trotz eines erheblichen Entscheidungsspielraums des Gesetzgebers verbleibt den Gerichten auch bei der gesetzlichen Bedarfsfestlegung eine Kontrollbefug-nis, die sich auf Fälle evidenter Unsachlichkeit erstreckt.[63] Wie bereits darge-stellt,[64] entfällt damit die Bindung, wenn es

> „an jeglicher Notwendigkeit fehlte oder wenn sich die Verhältnisse seit der Bedarfsent-scheidung des Gesetzgebers so grundlegend gewandelt hätten, dass das angestrebte Pla-nungsziel unter keinen Umständen auch nur annähernd erreicht werden könnte."[65]

Legt man diesen Maßstab an das Modell 1 an, sind keine Gründe ersichtlich, weshalb eine räumliche Flexibilisierung von Anfangs- oder Endpunkten einem privilegierten Vorhaben jedwede Notwendigkeit nehmen sollte. Sofern sicher-gestellt ist, dass trotz der räumlichen Lockerung erkennbar bleibt, welches Vor-haben durch die Aufnahme in das EnLAG oder BBPlG gefördert werden soll, führt *allein* die Flexibilisierung von Anfangs- und Endpunkten nicht zur evi-denten Unsachlichkeit des Netzausbauanliegens. Ein Vorhaben muss aber na-türlich grundsätzlich für sich – unabhängig davon, wie es räumlich definiert wird – sachlich geboten sein; dies ist jedoch keine Frage des Modells 1.

Schließlich eröffnet die Möglichkeit einer räumlichen Öffnung bei der Defi-nition von Anfangs- und Endpunkten lediglich ein Angebot an den Gesetz-geber. Dieser ist nicht gezwungen, auf die Option des Modells 1 einzugehen. Will er ganz präzise nur eine Leitung zwischen zwei bestimmten Netzverknüp-fungspunkten privilegieren, da er nur für diese Verbindung einen Bedarf an-nimmt, bleibt ihm die punktgenaue Bestimmung des Projekts jederzeit un-benommen. Besteht der Bedarf tatsächlich (und unumstößlich) nur zwischen diesen beiden Netzverknüpfungspunkten, so ist die Punktgenauigkeit der Ver-bindung zudem geboten, weil sie nur bei dieser Art der Ausführung sachlich erforderlich ist.

---

[63] BVerfG, Beschl. v. 08.06.1998 – 1 BvR 650/97 –, NVwZ 1998, S. 1060 (1060); BVerwG, Urt. v. 26.10.2005 – 9 A 33/04 –, Rn. 22; BVerwG, Beschl. v. 16.01.2007 – 9 B 14/06 –, NVwZ 2007, S. 462 (463).

[64] Siehe die obigen Ausführungen unter B., IV., 3.

[65] BVerwG, Urt. v. 12.03.2008 – 9 A 3/06 –, BVerwGE 130, S. 299 Rn. 43.

2. Modell 2: Pauschaler räumlicher Abweichungsradius

a) Ausführungsart

Ein weiteres Modell zur Flexibilisierung von Anfangs- und Endpunkten privilegierter Energieleitungen verändert nicht die Festlegung punktgenauer Netzverknüpfungspunkte. Diese bleiben als konkreter Definitionsanker erhalten. Allerdings geht das Modell 2 dazu über, dem Vorhabenträger bzw. der Planfeststellungsbehörde einen bestimmten Abweichungsbereich pauschal zuzugestehen. Im Fall des Modells 2 würde der Gesetzgeber etwa festschreiben, dass ein Vorhaben an einem bestimmten Netzverknüpfungspunkt beginnen und enden soll, aber auch für alle weiteren Netzverknüpfungspunkte, die sich in einem Radius von 5 km oder 10 km[66] vom Anker-Netzverknüpfungspunkt befinden, ebenfalls eine zulässige Projektverwirklichung ermöglichen.

Die einmal festgelegte zulässige Abweichungsbreite, die 5 km, 10 km oder jeden anderen Wert aufweisen kann, würde für *alle* EnLAG- und BBPlG-Projekte gleichermaßen abstrakt festgeschrieben. Eine mögliche nachträgliche Modifikation bzw. Konkretisierung des Netzverknüpfungspunktes würde den räumlich zulässigen Abweichungsbereich nicht beeinflussen, da der Gesetzgeber mit dem „ursprünglichen" Netzverknüpfungspunkt den Suchraum abschließend skizziert.

Allerdings ist zu beachten, dass Modell 2 nicht eingesetzt werden kann, wenn kein Netzverknüpfungspunkt besteht, der als Orientierungs- bzw. Ankerpunkt dient. Als Ersatz für einen fehlenden Anknüpfungspunkt kann jedoch eine andere, eindeutige räumliche Gegebenheit (z. B. eine Stadt, eine Gemeinde oder gar ein Bauwerk) dienen.

b) Prüfung der Rechtmäßigkeit

aa) Gewaltenteilung

Modell 2 führt – wie auch Modell 1 – weitere Entscheidungsoptionen auf Seiten der Exekutive ein, da diese nun erstmalig die Möglichkeit bekommt, abseits der durch Netzverknüpfungspunkte definierten Anfangs- und Endpunkte eines Vorhabens nach Verwirklichungsalternativen zu suchen.[67] Unter dem Gesichtspunkt der verfassungsrechtlich eingeforderten Gewaltenteilung ist Modell 2 daher unbedenklich, da es den Gestaltungsspielraum der zuständigen Behörden – wie Modell 1 auch – erweitert.[68]

---

[66] Die Entfernungsangaben sind frei gewählt und könnten auch anders definiert werden.
[67] Siehe hierzu bereits die obigen Ausführungen unter C., III., 1., b), aa).
[68] Siehe hierzu bereits die obigen Ausführungen unter C., III., 1., b), aa).

bb) Rechtsschutz

Die Parallelen zwischen Modell 1 und Modell 2 erlauben auch, eine Aussage zur Rechtmäßigkeit des Modells 2 unter dem Aspekt des Rechtsschutzes zu treffen.[69] Auch im Fall der Anwendung des Modells 2 werden die Rechte betroffener Dritter nicht negativ tangiert, da bei der Einführung abstrakter Suchradien keinem Betroffenen die Möglichkeit genommen wird, eigene Belange, Interessen oder Rechte in einem späteren Planungs- oder Genehmigungsverfahren vollumfänglich geltend zu machen.[70] Ein Verstoß gegen Art. 19 Abs. 4 GG ist daher nicht ersichtlich.

Richtet man den Blick auf die Ausnahmeregelung des § 50 Abs. 1 Nr. 6 VwGO, ist der Befund ebenfalls positiv. Das Modell 2 stellt weder den Ausbaubedarf der Energienetze insgesamt in Frage, noch lässt es Zweifel an der Dringlichkeit oder dem Bedarf an einzelnen EnLAG-Projekten oder BBPlG-Projekten entstehen.[71] Die notwendigen qualitativen Anforderungen einer Erstzuständigkeit des BVerwG bleiben damit erhalten. Zudem mehren sich auch bei Anwendung des Modells 2 nicht die Projekte. Die Projektzahl des EnLAG wie auch des BBPlG bleibt konstant; eine Erweiterung erfährt lediglich der Raum möglicher Anfangs- und Endpunkte eines jeden Projekts.[72] Somit sind auch die quantitativen Anforderungen des § 50 Abs. 1 Nr. 6 VwGO eingehalten.

cc) Evidente Unsachlichkeit

Die Einführung einer pauschalen Zone, innerhalb derer nach einem zulässigen Anfangs- und/oder Endpunkt gesucht werden kann, dürfte nicht evident unsachlich sein, um dieses Modell rechtfertigen zu können.[73] Demnach dürften die im EnLAG oder BBPlG aufgeführten und um Modell 2 ergänzten Projekte nicht jeglicher Notwendigkeit entbehren. Ebenfalls wäre es schädlich, wenn das angestrebte Planungsziel unter keinen Umständen auch nur annähernd erreicht werden könnte.

Der Einsatz des Modells 2 wird voraussichtlich den Bedarf an den im EnLAG oder BBPlG aufgenommenen Vorhaben nicht prinzipiell in Frage stellen. Gleichwohl lässt sich nicht ausschließen, dass bei einer zu großzügigen Ausgestaltung des Suchradius durchaus Projektverwirklichungen möglich werden, die im Einzelfall nicht mehr von einem besonderen Bedarf gedeckt sind. Der Einsatz unterschiedslos wirkender, die Einzelprojekte nicht in den Blick neh-

---

[69] Siehe hierzu bereits die obige Darstellung unter C., III., 1., b), bb).

[70] Siehe hierzu auch ergänzend BVerfG, Beschl. v. 19.07.1995 – 2 BvR 2397/94 –, NVwZ 1996, S. 261 (261); BVerfG, Beschl. v. 08.06.1998 – 1 BvR 650/97 –, NVwZ 1998, S. 1060 (1060).

[71] Siehe zu diesem Merkmal bereits die obige Darstellung unter B., III., 4., b), bb).

[72] Siehe hierzu bereits die ausführliche Darstellung zu Modell 1. Die dort getroffene Einschätzung gilt auch hier; vgl. die Ausführungen unter C., III., 1., b), bb).

[73] Siehe zu diesem Kriterium bereits die obige Darstellung unter B., IV., 3.

mender Flexibilisierungsmethoden bietet unweigerlich die Gefahr, dass den Besonderheiten bestimmter Vorhaben nicht hinreichend entsprochen wird. Es ist
also nicht ausgeschlossen, dass die Einführung pauschaler Abweichungsradien
im Einzelfall zu einem evident unsachlichen Ergebnis führt, da für einzelne
Verwirklichungsmöglichkeiten, die ein solch pauschaler (vielleicht auch sehr
weiträumiger) Abweichungsmaßstab ans Licht bringen kann, offensichtlich kein
Bedarf nachweisbar ist.

Modell 2 zeigt folglich einen rechtlichen Schwachpunkt auf. Es sollte daher –
wenn überhaupt – lediglich nachrangig und restriktiv eingesetzt werden.

3. Modell 3: Individuell ausgestalteter räumlicher Abweichungsradius

a) Ausführungsart

Das Modell 3 versucht aus den „Fehlern" des Modells 2 zu lernen.[74] Auch bei
Modell 3 dient der durch Netzverknüpfungspunkte definierte Anfangs- und
Endpunkt als Ausgangspunkt der Bestimmung aller zulässiger Netzverbin-
dungspunkte. Allerdings reagiert Modell 3 auf den konzeptionellen Schwachpunkt von Modell 2 und verlangt, dass nicht pauschal, sondern individuell – d. h.
projektbezogen – die räumlichen Abweichungsradien definiert werden. Dies
kann dazu führen, dass bei bestimmten Projekten ein Suchraum von etwa 10 km
um einen Netzverknüpfungspunkt herum festgeschrieben wird, während in anderen Fällen 20 km oder mehr zulässig sind.[75] Die zulässige Weite der Suchräume orientiert sich bei Modell 3 an den Besonderheiten des zu privilegieren-
den Projekts bzw. des von ihm aufzunehmenden Lastflusses.

Wie auch bei Modell 2[76] erfordert Modell 3 nicht zwingend eine räumliche
Ausrichtung an einem Netzverknüpfungspunkt, sondern kann – falls dieser
z. B. noch nicht existiert – auch an jedem anderen, geographisch eindeutigen
Gebilde oder Raum ansetzen.

b) Prüfung der Rechtmäßigkeit

aa) Gewaltenteilung und Rechtsschutz

Modell 2 und Modell 3 sind zwar nicht deckungsgleich, dennoch können die
Überlegungen zur Rechtmäßigkeit des Models 2 bzgl. der Problempunkte der
Gewaltenteilung und des Rechtsschutzes auf die Analyse des Modells 3 übertragen werden.[77] Erweist sich Modell 2 insofern als unproblematisch, gilt dies
ebenso für Modell 3, denn Modell 3 hat bzgl. des Gewaltenteilungsprinzips im

---

[74] Siehe hierzu die Darstellung unter C., III., 2., b), cc).
[75] Die angegebenen Werte sind frei gewählt und indizieren keine konkrete Sachdienlich-
keit.
[76] Siehe hierzu die obige Darstellung unter C., III., 2., a).
[77] Siehe diesbezüglich die Darstellung unter C., III., 2., b), aa) und bb).

Grundsatz keine abweichenden Auswirkungen auf den Handlungsrahmen der Exekutive. Es mag zwar sein, dass eine individuelle Beurteilung zulässiger Suchräume dazu führt, dass der Gesetzgeber im Einzelfall einen geringeren Radius wählt, als er dies im Fall einer generellen Festschreibung tun würde. Dieser „Verlust" an Entscheidungsfreiräumen auf Seiten der Exekutive kann sich jedoch zum einen durch einen großzügigeren Maßstab bei einem anderen Vorhaben relativieren. Zum anderen verändern solche graduellen Verzerrungen nicht den grundsätzlich bei beiden Modellen gleich ausgestalteten Regelungsmechanismus, der sich *zugunsten* exekutiver Handlungsspielräume auswirkt. Somit verstößt auch Modell 3 nicht gegen den Grundsatz der Gewaltenteilung.

Ähnlich verhält es sich hinsichtlich der Beachtung der Anforderungen an einen effektiven Rechtsschutz Betroffener nach Maßgabe des Art. 19 Abs. 4 GG und hinsichtlich der Einhaltung der Voraussetzungen an eine erstinstanzliche Zuständigkeit des BVerwG. Modell 2 und Modell 3 wirken konzeptionell gleich. Beide sind somit auch insofern rechtlich tragfähig.

bb) Evidente Unsachlichkeit

Die rechtliche Analyse des Modells 2 hat dessen rechtstechnische Schwäche zutage gefördert.[78] Es hat sich herausgestellt, dass Modell 2 nicht sicherstellen konnte, dass bei einer pauschalen Definition eines Abweichungsmodus tatsächlich alle Vorhaben noch einen dringenden Bedarf der Energiewirtschaft erfüllen. Dieses Manko nimmt Modell 3 zum Ausgangspunkt und ersetzt die pauschale Definition eines Abweichungsradius durch eine individuelle, projektbezogene Ausweisung eines Abweichungsradius. Damit ist sichergestellt, dass der Einsatz des Modells 3 nicht für eine evidente Unsachlichkeit des Vorhabens ursächlich wird. Sollte gleichwohl bei einem EnLAG-Projekt bzw. einem BBPlG-Projekt eine evidente Unsachlichkeit gerichtlich festgestellt werden, würde diese bei einer sachgemäßen Anwendung des Modells 3 allenfalls in den ausgewiesenen Projekten selbst ruhen, nicht aber durch den Einsatz des Models 3 begründet werden.

Folglich ist Modell 3 neben Modell 1 eine rechtlich zulässige Gestaltungsalternative zur bislang typischerweise anzutreffenden Definition von privilegierten Vorhaben, die ausschließlich auf parzellenscharfe Netzverknüpfungspunkte abstellt.

---

[78] Siehe hierzu die obige Darstellung unter C., III., 2., b), cc).

D. Ergebnisse der Untersuchung

1. Der Gesetzgeber hat sich dazu entschieden, mit zwei separaten Gesetzen, dem EnLAG und dem BBPlG, eine legislative Bedarfsplanung zum Netzausbau in Deutschland zu betreiben. Bei der Beschreibung der privilegierten Vorhaben macht er neben Anfangs- und Endpunkten durchaus Vorgaben zu Stützpunkten (Zwischenetappen des anvisierten Trassenverlaufs) und zu technischen Details (z. B. Errichtung als Erdkabel). Einzelne Projekte werden zusätzlich rechtlich begünstigt, da sie von bestimmten gesetzlichen Anforderungen der Energiewirtschaft (insbesondere §§ 1, 11, 49 EnWG) befreit werden. Die Auswahl der privilegierten Projekte erfolgt auf unterschiedlicher Grundlage. Im Rahmen des EnLAG orientierte sich der Gesetzgeber an einer wissenschaftlichen Studie zum Ausbaubedarf in Deutschland und an unionsrechtlichen Vorgaben; im Rahmen des BBPlG wird regelmäßig ein mehrstufiger Planungsprozess durchlaufen, der die Übertragungsnetzbetreiber und auch die Öffentlichkeit einbindet.

2. Zentrale Zielsetzung der legislativen Bedarfsplanung ist sowohl im Rahmen des EnLAG als auch im Rahmen des BBPlG die Beschleunigung der Genehmigung und Realisierung der energiewirtschaftlich nötigen Netzinfrastrukturprojekte. Hierzu ordnet der Gesetzgeber sowohl in § 1 Abs. 2, S. 2, 3 EnLAG als auch in § 1 Abs. 1 BBPlG die energiewirtschaftliche Notwendigkeit der im EnLAG oder der im BBPlG aufgeführten Projekte an und schreibt den an ihnen bestehenden vordringlichen Bedarf und das öffentliche Sicherheitsinteresse fest. Diese Merkmale können hinsichtlich der aufgeführten Projekte in nachfolgenden Planfeststellungsverfahren, sonstigen Genehmigungsverfahren oder gerichtlichen Verfahren nicht mehr in Frage gestellt werden (verbindliche Planrechtfertigung). Ein weiteres Instrument der Beschleunigungswirkung ist die Stärkung der öffentlichen Akzeptanz der Planung durch den Einsatz der Erdverkabelung, wobei Letztgenannte den Vorhabenträgern weitere Handlungsoptionen zur technischen Seite der Projektverwirklichung an die Hand gibt. Ebenfalls der Verfahrensbeschleunigung dient zum einen die Zuständigkeitsbündelung bei der BNetzA, wenn länderübergreifende oder grenzüberschreitende Vorhaben in Rede stehen, zum anderen die Etablierung des erst- und letztinstanzlichen Rechtsschutzes beim BVerwG nach § 50 Abs. 1 Nr. 6 VwGO.

3. Eine Rechtsschutzverlagerung zum BVerwG ist bei Streitfragen des energiewirtschaftlichen Infrastrukturrechts nicht grenzenlos möglich. Vielmehr müssen unter Beachtung eines weiten Beurteilungsspielraums des Gesetzgebers qualitative und quantitative Voraussetzungen erfüllt sein. So muss ein besonderer sachlicher Grund für die erst- und letztinstanzliche Zuständigkeitszuwei-

sung zum BVerwG sprechen, die sonstige Funktionsfähigkeit des BVerwG als Revisionsgericht gewahrt bleiben und die judikative Zuständigkeit der Länder nicht substanziell ausgehöhlt werden. Diesen Anforderungen genügen das En-LAG und das BBPlG. Verfassungsrechtliche Bedenken gegen die Regelungen des § 1 Abs. 3 EnLAG bzw. des § 6 BBPlG i. V. m. § 50 Abs. 1 Nr. 6 VwGO bestehen nicht.

4. Bricht der Gesetzgeber durch Legislativakte in den Aufgabenbereich der Verwaltung ein, ist dies grundsätzlich zulässig, sofern ein sachlicher Grund hierfür nachgewiesen werden kann. Eine legislative Bedarfsplanung, wie sie durch das EnLAG oder das BBPlG betrieben wird, ist daher verfassungsrechtlich unbedenklich. Insbesondere belassen beide Gesetze der Exekutive erhebliche Gestaltungs- und Entscheidungsspielräume.

5. Eine Bindungswirkung gegenüber der Rechtsprechung entfalten Definitionen von priorisierten Projekten in EnLAG und BBPlG nur, solange sie nicht evident unsachlich sind, also für die einzelnen Vorhaben, die in das EnLAG oder das BBPlG aufgenommen wurden, offenkundig kein Bedarf besteht. Eine evidente Unsachlichkeit kann auch entstehen, wenn sich die Verhältnisse seit der Bedarfsentscheidung des Gesetzgebers so grundlegend gewandelt haben, dass das angestrebte Planungsziel unter keinen Umständen auch nur annähernd erreicht werden kann. Für die Annahme einer evidenten Unsachlichkeit sind hinsichtlich des EnLAG oder des BBPlG keine Anhaltspunkte ersichtlich.

6. Höchstspannungsleitungen werden an Schaltstellen bzw. Umspannwerken mit bestehenden Netzen verknüpft (sog. Verknüpfungspunkte). Dies muss nicht zwangsläufig der Standort von HGÜ-Konvertern sein, die eine Konvertierung des Gleichstroms in Wechselstrom vornehmen.

7. Bei der Beschreibung der privilegierten Vorhaben des EnLAG und des BBPlG verwendet der Gesetzgeber durchaus weite räumliche Begrifflichkeiten (mitunter sogar Bundesländer). Typischerweise sind hiermit allerdings bestehende Netzverknüpfungspunkte gemeint, die sich in den entsprechenden Örtlichkeiten befinden oder gar den gewählten, eigentlich großräumigen Namen tragen (wie der Netzverknüpfungspunkt Niederrhein). Allerdings geht der Gesetzgeber auch weiter. Sofern er keine Bezugnahme auf einen konkreten Netzverknüpfungspunkt wünscht oder solche Netzverknüpfungspunkte nach seiner Ansicht erst noch geschaffen werden sollen, definiert er „Suchräume". Diese räumlich umgrenzten Gebiete können sich auf Gemeindegebiete verengen, erlauben aber sogar Suchbereiche nach dem Maßstab eines Bundeslandes (Schleswig-Holstein). Beide Vorgehensweisen sind verfassungsrechtlich zulässig.

8. Nicht nur Rechtsprechung und Gesetzgeber haben sich zur Frage der strikten und verbindlichen Definition der privilegierten Vorhaben durch festgelegte Netzverknüpfungspunkte abschließend zugunsten der strikten Verbindlichkeit positioniert. Dies ist auch sachlich geboten, um insbesondere das Zusammenspiel der Planungsebenen zu gewährleisten und die Bindungswirkung der Be-

darfsfestschreibung zu rechtfertigen. Gleichwohl stehen verbindliche Definitionen der Verwendung bzw. Einführung von Suchräumen, die eine Auswahl von mehreren Netzverknüpfungspunkten innerhalb verbindlicher Grenzen (bzw. Definitionen) erlauben, nicht entgegen.

9. Die gesetzliche Beschreibung eines privilegierten Vorhabens über Netzverknüpfungspunkte lässt Modifikationen und Konkretisierungen in räumlicher Hinsicht zu. Allerdings hängt der Konkretisierungsspielraum erheblich von der gesetzlichen Beschreibung des Vorhabens ab. Während bei der Verwendung von gesetzlich bestimmten Suchräumen die Optionen weiter sind, verengen sie sich zwangsläufig bei parzellenscharf definierten Netzverknüpfungspunkten. Gleichwohl lassen auch Letztgenannte Modifikationen und Konkretisierungen zu, sofern sich insbesondere der räumliche Charakter des Ausgangsverknüpfungspunktes bei der Projektverwirklichung nicht ändert. Äußerste Grenze einer solchen Modifikation oder Konkretisierung, die auch eine räumliche Verschiebung des Netzverknüpfungspunktes zulässt, dürfte die Gebietsgrenze der Gebietskörperschaft oder des Bezugsraums sein, den der Gesetzgeber im EnLAG oder im BBPlG ausdrücklich nennt. In diesem Fall können letztlich sogar die Unterschiede zwischen Projekten verschwimmen, die zum einen parzellenscharf über Netzverknüpfungspunkte definiert und zum anderen über gesetzlich vorgeschriebene Suchräume beschrieben werden.

10. Es ist dem Gesetzgeber zu raten, eine Abkehr von der parzellenscharfen Definition von EnLAG- oder BBPlG-Vorhaben in Erwägung zu ziehen, wie es bei einigen privilegierten Projekten bereits in der Praxis passiert. Dies würde die notwendige Flexibilität schaffen, die das Zusammenspiel zwischen der Bedarfsfeststellung und der umfassenden räumlichen Planung der Energieleitungstrassen benötigt, um reibungsloser zusammenzufinden und immer wieder auftretende räumliche Trassenschwankungen abzufedern. Dies würde nicht nur den Netzausbau beschleunigen, sondern auch den Gesetzgeber davon entlasten, die räumlich notwendigen Verschiebungen des Anfangs- oder Endpunkts privilegierter Trassen im Nachgang korrigieren zu müssen. Rechtfertigt die Bedarfsanalyse eine Anpassung im Nachhinein, trägt sie auch im Vorhinein eine Festschreibung von Bereichen, die als Suchräume für den Anfangs- und Endpunkt der Trasse in Betracht kommen und das Vorhaben gleichwohl eindeutig definieren.

11. Mehrere Modelle beschreiben die möglichen Formen der Flexibilisierung von Projektumschreibungen. Ein Modell (Modell 1) definiert sich als die Verwendung größerer geographischer Räume zur Bestimmung eines besonders dringend erforderlichen Vorhabens. Bei der Gestaltung denkbarer räumlicher Flexibilisierungen ist es konzeptionell nicht notwendig, ausschließlich an Gemeinde- oder Ortsnamen anzuknüpfen. Ebenso gut eignen sich Regionen, Verbünde von Gemeindegebieten oder Flächen zwischen bestimmten eindeutigen Punkten. Gestaltungsgrenzen ergeben sich grundsätzlich nicht. Verfassungs-

rechtlich ist diese Art der Flexibilisierung bei der Bestimmung von Anfangs-
und Endpunkten privilegierter Vorhaben unbedenklich. Zudem wirkt sich eine
Modifikation der Darstellungsart eines Bedarfsplans im Sinne des Modells 1
nicht auf die Sachgerechtigkeit des Bedarfsplans aus. Ein Bindungsverlust durch
eine evidente Unsachlichkeit dürfte nur in Extremfällen zu erwarten sein.

   12. Ein weiteres Flexibilisierungsmodell (Modell 2) setzt bei existierenden
Netzverknüpfungspunkten an oder bezieht sich alternativ auf andere eindeutige räumliche Gegebenheiten. Dies ist der Ankerpunkt, um von hier aus einen
beliebigen Abweichungsradius für alle EnLAG- oder BBPlG-Vorhaben gleichermaßen abstrakt festzuschreiben. Verfassungsrechtlich ist auch dieses Modell nicht zu beanstanden. Seine rechtliche Schwäche besteht jedoch darin, dass
aufgrund der unterschiedslosen Definition eines Abweichungsradius gerade bei
zugestandenen großen Suchräumen nicht sichergestellt ist, dass nicht (fehler-
haft) Anfangs- oder Endpunkte gewählt werden, die den Bedarf des (ursprünglich) privilegierten Vorhabens in Frage stellen und zu evident unsachlichen Ergebnissen führen.

   13. Ein drittes Flexibilisierungsmodell (Modell 3) bedient sich ebenfalls vor-
handener Netzverknüpfungspunkte, um Anfangs- und Endpunkte privilegierter
Vorhaben zu definieren. Allerdings reagiert Modell 3 auf den konzeptionellen
Schwachpunkt von Modell 2 und verlangt, dass beim Einsatz von Abweichungsradien nicht pauschal, sondern projektspezifisch die räumliche Abweichungs-
größe (der Radius) definiert wird. Modell 3 teilt die verfassungsrechtliche Zulässigkeit mit Modell 2, kann aber zusätzlich wegen des individuell abgestimm-
ten Abweichungsradius auch die Anforderungen der Sachlichkeit erfüllen. Es
ist damit neben Modell 1 ebenfalls eine zulässige Gestaltungsalternative zur
bislang typischerweise anzutreffenden Definition von privilegierten Vorhaben,
die im Wesentlichen über parzellenscharfe Netzverknüpfungspunkte erfolgt.

Literaturverzeichnis

Antweiler, Clemens: Bedarfsplanung für den Stromnetzausbau – Rechtsverstöße und Rechtsfolgen, NZBau 2013, 337.

ders.: Planungsrechtliche Defizite im Netzentwicklungsplan Strom 2012, ZNER 2012, 586.

Appel, Markus: Künftiger Erdkabeleinsatz beim Stromnetzausbau, NVwZ 2016, 1516.

ders.: Neues Recht für neue Netze – das Regelungsregime zur Beschleunigung des Stromnetzausbaus nach EnWG und NABEG, UPR 2011, 406.

Britz, Gabriele/Hellermann, Johannes/Hermes, Georg (Hrsg.): EnWG Energiewirtschaftsgesetz, 3. Auflage, München 2015 (zitiert: Bearbeiter, in: Britz/Hellermann/Hermes (Hrsg.), EnWG, 2015).

Bunge: Ausbau des Übertragungsnetzes: der rechtliche Rahmen, UVP-report (26) 2012, 138.

Danner, Wolfgang/Theobald, Christian (Hrsg.): Energierecht Energiewirtschaftsgesetz mit Verordnungen, EU-Richtlinien, Gesetzesmaterialien, Gesetze und Verordnungen zu Energieeinsparung und Umweltschutz sowie andere energiewirtschaftlich relevante Rechtsregelungen, Stand 2019 (zitiert: Danner/Theobald (Hrsg.), Energierecht, Stand 2019).

de Witt, Siegfried/König, Carsten: Endverkabelungskosten in Übertragungs- und Verteilernetzen, DVBl. 2013, 955.

de Witt, Siegfried/Kause, Harriet: Erdkabel vs. Freileitung, RdE 2012, 328.

de Witt, Siegfried/Scheuten, Frank-Jochen (Hrsg.): NABEG Netzausbaubeschleunigungsgesetz Übertragungsnetz mit Energieleitungsausbaugesetz, München 2013 (zitiert: de Witt/Scheuten (Hrsg.), NABEG, 2013).

Deutsche Energie-Agentur: Energiewirtschaftliche Planung für die Netzintegration von Windenergie in Deutschland an Land und Offshore bis zum Jahr 2020 – Konzept für eine stufenweise Entwicklung des Stromnetzes in Deutschland zur Anbindung und Integration von Windkraftanlagen Onshore und Offshore unter Berücksichtigung der Erzeugungs- und Kraftwerksentwicklungen sowie der erforderlichen Regelleistung, 2005 (zitiert: dena-Netzstudie I).

Elspaß, Mathias: Planung und Genehmigung von Nebenanlagen im Kontext der Bedarfsplanung für Höchstspannungsleitungen, NVwZ 2014, 489.

ders./*Schwoon, Christina*: Energiewende ohne Erdkabel?, NVwZ 2012, 1066.

Erbguth, Wilfried: Planerische Rechtsfragen des Netzausbaus. EnWG und NABEG im Zusammenspiel mit der Gesamtplanung, in: Kment (Hrsg.), Netzausbau zugunsten erneuerbarer Energien, Tübingen 2013, S. 17.

Fest, Phillip/Operhalsky, Benedikt: Der deutsche Netzausbau zwischen Energiewende und europäischem Energieinfrastrukturrecht, NVwZ 2014, 1190.

Fest, Phillip: Der Netzausbau im Recht der Energiewende, NVwZ 2013, 824.

Franke, Peter: Beschleunigung der Planungs- und Zulassungsverfahren beim Ausbau der Übertragungsnetze, in: Klees, Andreas/Gent, Kai (Hrsg.), Festschrift für Peter Salje, Köln 2013, S. 121.

Giesberts, Ludger/Tiedge, Andreas: Die Verordnung zu Leitlinien für die transeuropäische Energieinfrastruktur, NVwZ 2013, 836.

Gramlich, Ludwig: „Sonst gehen bald die Lichter aus" – Rechtsfragen des Ausbaus von Hochspannungsnetzen im Lichte des Verfassungsrechts, LKV 2008, 530.

Greinacher, Dominik: Energieleitungsausbau: Tatsächliche Herausforderungen und rechtliche Lösungen, ZUR 2011, 305.

Grigoleit, Klaus Joachim/Weisensee, Claudius: Das neue Planungsrecht für Elektrizitätsnetze, UPR 2011, 401.

Guckelberger, Anette: Öffentlichkeit und Netzausbau – zwischen Verfahrenspartizipation und Gewinnbeteiligung, in: Kment, Martin (Hrsg.), Netzausbau zugunsten erneuerbarer Energien, Tübingen 2013, S. 59.

Herrmanns, Caspar David/Austermann, Christof: Das neue Energieleitungsausbaugesetz – Beschleunigung des Ausbaus des Hochspannungsnetzes unter besonderer Berücksichtigung des Einsatzes von Erdkabeln, NdsVBl. 2010, 175.

Hobbeling, Florian: Die Entwicklung der energierechtlichen Pflichten der Übertragungsnetzbetreiber, Regensburg 2010.

Holznagel, Bernd/Nagel, Janina: Verfahrensbeschleunigung nach dem Energieleitungsausbaugesetz – Verfassungsrechtliche Grenzen und Alternativen, DVBl. 2010, 669.

Jarass, Hans D./Kment, Martin: Baugesetzbuch: BauGB, 2. Auflage, München 2017 (zitiert: Jarass/Kment, BauGB, 2017).

Jarass, Hans D./Pieroth, Bodo: Grundgesetz für die Bundesrepublik Deutschland: GG, 16. Auflage, München 2020 (zitiert: Bearbeiter, in: Jarass/Pieroth, GG, 2020).

Kment, Martin: Bundesfachplanung von Trassenkorridoren für Höchstspannungsleitungen, NVwZ 2015, 616.

ders.: Das Planungsrecht der Energiewende, Verw 2014, 377.

ders.: Die Sicherung der Bundesfachplanung durch Veränderungssperren – Eine Untersuchung auch zu den verfassungsrechtlichen Streitfragen des § 16 NABEG, in: Franke, Peter/Theobald, Christian (Hrsg.), Energierecht im Wandel, Festschrift für Wolfgang Danner zum 80. Geburtstag, München 2019, S. 257 (zitiert: Kment, in: Franke/Theobald (Hrsg.), Festschr. Danner, 2019).

ders. (Hrsg.): Energiewirtschaftsgesetz, 2. Auflage, Baden-Baden 2019 (zitiert: Bearbeiter, in: Kment (Hrsg.), EnWG, 2019).

ders.: Grundstrukturen der Netzintegration Erneuerbarer Energien, UPR 2014, 81.

ders. (Hrsg.): Raumordnungsgesetz ROG mit Landesplanungsrecht, Baden-Baden 2019 (zitiert: Bearbeiter, in: Kment (Hrsg.), ROG, 2019).

ders.: Regulierungsrecht – Zukunfts- oder Auslaufmodell? Eine Beobachtung der gesetzgeberischen Aktivitäten im Bereich der Energienetzinfrastruktur, ZVglRWiss 112 (2013), 123.

ders.: Streitfragen der Erdverkabelung – Gesetzliche Zielsetzung und Anwendung des § 2 EnLAG und § 4 BBPlG, Tübingen 2017.

ders.: Vorbote der Energiewende in der Bundesrepublik Deutschland: das Netzausbaubeschleunigungsgesetz, RdE 2011, 341.

Knappe, Lukas: Gestufter Netzausbau und Bundesfachplanung im Spannungsfeld des effektiven Rechtsschutzes, DVBl. 2016, 276.

Köck, Wolfgang: Die Bedarfsplanung im Infrastrukturrecht, ZUR 2016, 579.

Külpmann, Christoph: Gesetzliche Bezeichnung von Höchstspannungsleitungen, JurisPR-BVerwG 1/2019 Anm. 4.

Lecheler, Helmut: Neue Rechtsvorschriften zur – teilweisen – Erdverkabelung von Höchstspannungsleitungen, RdE 2010, 41.

Leidinger, Tobias: Die Gesetzesnovellen zum Energieleistungsbau: Neue Rahmenbedingungen für Netzentwicklungsplanung und Einsatz von Erdkabeltechnik, NuR 2016, 585.

Mann, Thomas: Rechtsfragen der Anordnung von Erdverkabelungsabschnitten bei 380 kV-Pilotvorhaben nach dem EnLAG, Rechtsgutachten 2016 (zitiert: Mann, Rechtsfragen der Anordnung von Erdverkabelungsabschnitten bei 380 kV-Pilotvorhaben nach dem EnLAG, 2016).

Maunz, Theodor/Dürig, Günter: Grundgesetz, Stand 2019 (zitiert: Bearbeiter, in: Maunz/Dürig, GG, Stand 2019).

Moench, Christoph/Ruttloff, Marc: Netzausbau in Beschleunigung, NVwZ 2011, 1040.

Otte, Matthias: Erdverkabelung – planungsrechtliche Herausforderungen, UPR Sonderheft 2016, 451.

Posser, Herbert/Faßbender, Kurt (Hrsg.): Praxishandbuch Netzplanung und Netzausbau, Berlin 2013 (zitiert: Bearbeiter, in: Posser/Faßbender (Hrsg.), Praxishandbuch Netzplanung und Netzausbau, 2013).

Rosin, Peter/Pohlmann, Mario/Gentzsch, Andreas/Metzenthin, Andreas/Böwing, Andreas: Praxiskommentar zum EnWG, Stand 2018 (zitiert: Rosin u. a., EnWG, Stand 2018).

Rubel, Rüdiger: Aktuelle Probleme bei der Planfeststellung von Höchstspannungsleitungen, DVBl. 2017, 585.

Rufin, Julia: Fortentwicklung des Rechts der Energiewirtschaft – für mehr Wettbewerb und eine nachhaltige Energieversorgung in Deutschland?, ZUR 2009, 66.

Ruge, Reinhard: Bundesfachplanung nach NABEG: Beschleunigungsgesetz ohne Beschleunigungswirkung?, ER 2016, 154.

ders.: Netzentwicklungsplan Strom, EnWZ 2015, 497.

ders.: Neues vom Netzausbau: Bundesbedarfsplangesetz, EnWZ 2013, 435.

Säcker, Franz Jürgen (Hrsg.): Berliner Kommentar zum Energierecht, 3. Auflage, Frankfurt am Main 2018 (zitiert: Bearbeiter, in: Säcker (Hrsg.), Energierecht, 2018).

Schaller, Werner/Henrich, Marius: Aktuelle Rechtsfragen der Bundesfachplanung, UPR 2014, 361.

Scheidler, Alfred: Die erstinstanzliche Zuständigkeit des Bundesverwaltungsgerichts, DVBl. 2011, 466.

Scherer, Joachim: Neue Entwicklungen im Recht der regulierten Netzinfrastrukturen, NVwZ 2010, 1321.

Schiller, Gernot: Die Pflicht zur Erdverkabelung von Hochspannungsleitungen nach § 43h EnWG, RdE 2012, 423.

Schink, Alexander/Versteyl, Andrea/Dippel, Martin: NABEG Kommentar zum Netzausbaubeschleunigungsgesetz, Berlin 2016 (zitiert: Bearbeiter, in: Schink/Versteyl/Dippel, NABEG, 2016).

Schirmer, Benjamin: Das Gesetz zur Beschleunigung des Ausbaus der Höchstspannungsnetze, DVBl. 2010, 1349.

ders.: Neustart des Netzausbaus? Nachjustierung durch das Gesetz zur Änderung von Bestimmungen des Rechts des Energieleitungsbaus, DVBl. 2016, 285.

ders./Seiferth, Conrad: Energiewende und die Zulassung von Netzausbauprojekten, ZUR 2013, 515.

Schneider, Jens-Peter/Theobald, Christian (Hrsg.): Recht der Energiewirtschaft Praxis-handbuch, 4. Auflage, München 2013 (zitiert: Bearbeiter, in: Schneider/Theobald (Hrsg.), Recht der Energiewirtschaft, 2013).

Schoch, Friedrich/Schneider, Jens-Peter/Bier, Wolfgang (Hrsg.): Verwaltungsgerichts-ordnung: VwGO, Stand 2019 (zitiert: Bearbeiter, in: Schoch/Schneider/Bier (Hrsg.), VwGO, Stand 2019).

Schulte, Martin/Apel, David: Die Kompetenz zur Regelung des Energieleitungsbaus mittels Erdkabelsystemen, DVBl. 2011, 862.

Schweizer, Sarah/Mattis, Marcus: Die neuen gesetzlichen Instrumente für Versorgungs-sicherheit im deutschen Stromnetz, ET 2016, 84.

Sellner, Dieter/Fellenberg, Frank: Atomausstieg und Energiewende 2011 – das Gesetzes-paket im Überblick, NVwZ 2011, 1025.

Steinbach, Armin: Keine Energiewende ohne Netze: Die Umsetzung des Bedarfsplan-gesetzes im reformierten Rechtsrahmen, DÖV 2013, 921.

ders./Franke, Peter (Hrsg.): Kommentar zum Netzausbau, 2. Auflage, Berlin 2017 (zi-tiert: Bearbeiter, in: Steinbach/Franke (Hrsg.), Kommentar zum Netzausbau, 2017).

Stelkens, Paul/Bonk, Heinz Joachim/Sachs, Michael; Verwaltungsverfahrensgesetz: VwVfG, 9. Auflage, München 2018 (zitiert: Bearbeiter, in: Stelkens/Bonk/Sachs, VwVfG, 2018).

Vogt, Matthias/Maaß, Volker: Leitlinien für die transeuropäische Energieinfrastruktur – Netzausbau die Zweite, RdE 2013, 151.

Wachter, Thomas Friedrich/Weingarten, Elke/Peters, Wolfgang/Kinast, Pascal/Novitskiy, Alexander/Westermann, Dirk: Alternativenvergleich in der Bundesfachplanung – me-thodische Vorgehensweise unter Einbeziehung von Teilverkabelungsoptionen, ET 2014, Heft 10, 58.

Weisensee, Claudius: Erdkabel oder Freileitung – Was will der Gesetzgeber?, ER 2016, 68.

Ziekow, Jan: Vorhabenplanung durch Gesetz: Verfassungsrechtliche und prozedurale Anforderungen an die Zulassung von Verkehrsinfrastrukturen durch Maßnahmen-gesetz, Baden-Baden 2019.

Rechtsprechungsnachweise

Bundesverfassungsgericht

BVerfG, Beschl. v. 10.06.1958 – 2 BvF 1/56, BVerfGE 8, 174 = NJW 1959, 93 = DÖV 1958, 944 = NJW 1958, 2011 = BayVBl 1959, 52 = VerwRspr 11, 257

BVerfG, Urt. v. 04.07.1995 – 1 BvF 2/86, BVerfGE 92, 365 = SozR 3-4100 § 116 Nr 3 = WM 1995, 1278 = DB 1995, 1464 = BB 1995, 1538 = NZA 1995, 754 = DVBl 1995, 915 = NZS 1995, 406 = MDR 1995, 1039 = DBlR 4177a, AFG/§ 116 = AiB 1995, 595 = AP Nr 4 zu § 116 AFG = EzA § 116 AFG Nr 5 = WuB IX § 116 AFG 1.95 = AR-Blattei ES 170.1 Nr 38 = JZ 1995, 1169 = NJW 1996, 185 = EuGRZ 1995, 678 = ArbuR 1996, 33 = SAE 1996, 202 = EzS 100/50

BVerfG, Beschl. v. 19.07.1995 – 2 BvR 2397/94, BayVBl 1996, 107 = NVwZ 1996, 261 = NuR 1996, 506

BVerfG, Beschl. v. 17.07.1996 – 2 BvF 2/93, BVerfGE 95, 1 = UPR 1997, 24 = DVBl 1997, 42 = NJW 1997, 383 = DÖV 1997, 117 = BayVBl 1997, 108 = JZ 1997, 300 = EuGRZ 1997, 192 = NuR 1997, 490

BVerfG, Beschl. v. 08.06.1998 – 1 BvR 650/97, NVwZ 1998, 1060

BVerfG, Urt. v. 14.07.1998 – 1 BvR 1640/97, BVerfGE 98, 218 = ZIP 1998, 1355 = NJW 1998, 2515 = EuGRZ 1998, 395 = DVBl 1998, 955 = HVBG-INFO 1998, 2321 = BayVBl 1998, 626 = VR 1998, 357

BVerfG, Urt. v. 24.10.2002 – 2 BvF 1/01, BVerfGE 106, 62 = NJW 2003, 41 = EuGRZ 2002, 631 = PflR 2002, 449 = DVBl 2003, 44 = DÖV 2003, 119 = GewArch 2003, 70

BVerfG, Beschl. v. 04.05.2010 – 2 BvL 8/07, BVerfGE 126, 77 = NVwZ 2010, 1146 = UPR 2010, 383 = ZNER 2010, 380 = BayVBl 2011, 77

BVerfG, Beschl. v. 11.07.2013 – 2 BvR 2302/11, BVerfGE 134, 33 = NJW 2013, 3151 = EuGRZ 2013, 536 = JZ 2013, 1097 = RuP 2013, 220

BVerfG, Beschl. v. 30.06.2015 – 2 BvR 1282/11, BVerfGE 139, 321 = EuGRZ 2015, 503 = NVwZ 2015, 1434 = LKV 2015, 412 = JZ 2015, 1093 = DÖV 2016, 124 = KirchE 65, 432

Bundesverwaltungsgericht

BVerwG, Urt. v. 18.12.1987 – 4 C 9/86, BVerwGE 78, 347 = DÖV 1988, 560 = Buchholz 310 § 42 VwGO Nr 151 = NuR 1988, 241 = DVBl 1988, 492 = JA 1988, 579 = JuS 1989, 67 = NVwZ 1988, 527 = BRS 48 Nr 214 = UPR 1988, 177 = NuR 1988, 241

BVerwG, Beschl. v. 20.08.1992 – 4 NB 20.91, BVerwGE 90, 329 = DVBl 1992, 1438 = ZfBR 1992, 280 = RdL 1992, 302 = UPR 1992, 447 = Buchholz 406.11 § 1 BauGB Nr 57 = DÖV 1993, 118 = NuR 1993, 79 = HGZ 1993, 117 = NVwZ 1993, 167 = BRS 54 Nr 12

BVerwG, Urt. v. 08.06.1995 – 4 C 4/94, BVerwGE 98, 339 = VkBl 1995, 753 = DVBl 1995, 1012 = UPR 1995, 391 = DÖV 1995, 951 = Buchholz 407.4 § 17 FStrG Nr 102 = NuR 1995, 537 = ZUR 1996, 27 = NVwZ 1996, 381 = VRS 90, 301 = BImSchG-Rspr § 10 Nr 82

BVerwG, Urt. v. 12.12.1996 – 4 C 29/94, BVerwGE 102, 331 = DVBl 1997, 708 UPR 1997, 288 = NuR 1997, 348 = Buchholz 407.4 § 17 FStrG Nr 124 = NVwZ 1997, 908

BVerwG, Urt. v. 01.09.1997 – 4 A 36/96, BVerwGE 105, 178 = VkBl 1998, 75 = ThürVBl 1998, 13 = Grundeigentum 1998, 59 = ZfBR 1998, 46 = DVBl 1998, 44 = NuR 1998, 41 = UPR 1998, 70 = DÖV 1998, 157 = BauR 1998, 99 = Buchholz 407.4 § 17 FStrG Nr 132 = NVwZ 1998, 504 = VRS 94, 384 = AgrarR 1998, 375 = BRS 59 Nr 238 (1997)

BVerwG, Urt. v. 19.05.1998 – 4 C 11/96, UPR 1998, 388 = Buchholz 407.4 § 17 FStrG Nr 138 = NuR 1998, 649 = VRS 95, 462 = NVwZ 1999, 528

BVerwG, Urt. v. 08.07.1998 – 11 A 53/97, BVerwGE 107, 142 = DVBl 1998, 1188 = UPR 1998, 457 = ThürVBl 1998, 276 = Buchholz 442.40 § 10 LuftVG Nr 8 = LKV 1999, 143 = VR 1999, 185 = ZLW 1999, 249

BVerwG, Urt. v. 03.12.1998 – 4 C 7/98, DVBl 1999, 249 = ZfIR 1999, 133 = BauR 1999, 232 = Grundeigentum 1999, 257 = ZfBR 1999, 109 = BBauBl 1999, Heft 4, 78 = DÖV 1999, 340 = NVwZ 1999, 527 = Buchholz 406.11 § 34 BauGB Nr 193 = NuR 1999, 276 = AgrarR 1999, 376 = BRS 60 Nr 81 (1998)

BVerwG, Beschl. v. 11.11.2002 – 4 BN 52/02, NVwZ 2003, 206 = BBB 2003, Heft 4, 48 = ZfBR 2003, 264 = BauR 2003, 500 = Info BRS 2003, Heft 2, 2 = Buchholz 406.11 § 3 BauGB Nr 9 = NuR 2003, 290 = UPR 2003, 224 = NuR 2003, 612 = BRS 65 Nr 48 (2002)

BVerwG, Urt. v. 15.01.2004 – 4 A 11/02, BVerwGE 120, 1 = UPR 2004, 185 = DVBl 2004, 642 = NVwZ 2004, 732 = BauR 2004, 966 = ZUR 2004, 222 = NuR 2004, 366 = Buchholz 451.91 Europ UmweltR Nr 12 = BRS 67 Nr 214 (2004)

BVerwG, Urt. v. 22.01.2004 – 4 A 32/02, BVerwGE 120, 87 = UPR 2004, 187 = DVBl 2004, 649 = NVwZ 2004, 722 = BauR 2004, 957 = NuR 2004, 373 = Buchholz 407.3 § 5 VerkPBG Nr 15 = BRS 67 Nr 216 (2004)

BVerwG, Urt. v. 24.02.2004 – 4 B 101/03, BeckRS 2004, 21838

BVerwG, Urt. v. 26.10.2005 – 9 A 33/04, BeckRS 2005, 31495

BVerwG, Urt. v. 16.03.2006 – 4 A 1075/04, BVerwGE 125, 116 = NVwZ 2006, Beilage Nr I 8, 1 = Buchholz 442.40 § 8 LuftVG Nr 23 = NuR 2006, 766 = BRS 80 Nr 130, 2000

BVerwG, Urt. v. 09.11.2006 – 4 A 2001/06, BVerwGE 127, 95 = NVwZ 2007, 445 = UPR 2007, 182 = Buchholz 442.40 § 8 LuftVG Nr 25 = BRS 68 Nr 19 (1993–2007) = BRS 80 Nr 90 (2000–2013)

BVerwG, Beschl. v. 16.01.2007 – 9 B 14/06, NVwZ 2007, 462 = Buchholz 407.4 § 1 FStrG Nr 11

BVerwG, Urt. v. 12.03.2008 – 9 A 3/06, BVerwGE 130, 299 = NuR 2008, 633 = Buchholz 451.91 Europ UmweltR Nr 30 = BRS 80 Nr 124 (2000–2013)

BVerwG, Urt. v. 09.07.2008 – 9 A 14/07, BVerwGE 131, 274 = NuR 2009, 112 = ZUR 2009, 141 = NVwZ 2009, 302 = UPR 2009, 142 = JuS 2009, 752 = Buchholz 406.400 § 42 BNatSchG 2002 Nr 6 = BRS 80 Nr 122 (2000–2013)

BVerwG, Beschl. v. 14.04.2010 – 4 B 78/09, DVBl 2010, 839 = ZfBR 2010, 463 = UPR 2010, 309 = BauR 2010, 1169 = NVwZ 2010, 1026 = Info BRS 2010, Nr 4, 4 = Buchholz 406.11 § 2 BauGB Nr 43 = BayVBl 2011, 151 = KommJur 2011, 145 = BRS 76 Nr 30 (2010) = RdL 2015, 21

BVerwG, Beschl. v. 24.05.2012 – 7 VR 4/12, ZNER 2012, 417 = ZUR 2012, 499 = NuR 2012, 710 = ER 2012, 77

BVerwG, Beschl. v. 09.10.2012 – 7 VR 10/12, NL-BzAR 2013, 38 = ZNER 2012, 653 = NVwZ 2013, 78 = Buchholz 310 § 50 VwGO Nr 31 = BauR 2013, 224 = EnWZ 2012, 91 = BRS 79 Nr 201 (2012)

BVerwG, Urt. v. 28.02.2013 – 7 VR 13/12, ER 2013, 119 = UPR 2013, 345

BVerwG, Urt. v. 18.07.2013 – 7 A 4/12, BVerwGE 147, 184 = NuR 2013, 794 = EnWZ 2013, 518 = NVwZ 2013, 1605 = ZNER 2013, 632 = UPR 2014, 69 = RdE 2014, 139 = IR 2014, 68 = Buchholz 451.17 § 43 EnWG Nr 1 = BRS 80 Nr 96 (2000–2013)

BVerwG, Beschl. v. 26.09.2013 – 4 VR 1.13, NuR 2013, 800 = ZNER 2013, 625 = BauR 2014, 79 = UPR 2014, 106 = DWW 2014, 306 = BRS 81 Nr 203 (2013) = RdL 2018, 28

BVerwG, Urt. v. 17.12.2013 – 4 A 1/13, BVerwGE 148, 353 = ZNER 2014, 205 = NVwZ 2014, 669 = ZUR 2014, 288 = IR 2014, 136 = NWVBl 2014, 255 = BRS 80 Nr 79 (2000–2013) = Buchholz 451.17 § 43 EnWG Nr 2

BVerwG, Beschl. v. 24.03.2015 – 4 BN 32/13, ZfBR 2015, 484 = BauR 2015, 1278 = NuR 2015, 401 = UPR 2015, 348 = NVwZ 2015, 1452 = ZUR 2015, 552 = Buchholz 406.11 § 1a BauGB Nr 9 = BRS 83 Nr 9 (2015)

BVerwG, Beschl. v. 30.08.2016 – 4 BN 10/16, ZfBR 2017, 64 = BRS 84 Nr 190 (2016)

BVerwG, Beschl. v. 12.09.2018 – 4 A 13.17, NVwZ-RR 2019, 91 = ZNER 2018, 453 = UPR 2019, 154 = Buchholz 310 § 50 VwGO Nr 39

BVerwG, Beschl. v. 09.05.2019 – 4 VR 1/19, DVBl 2019, 1062 = ZNER 2019, 341 = NVwZ 2019, 1357

Oberverwaltungsgerichte

OVG Lüneburg, Urt. v. 20.03.2014 – 7 KS 158/11, BeckRS 2014, 49021

OVG Münster, Urt. v. 06.09.2013 – 11 D 118/10.AK, EnWZ 2013, 523 = DVBl 2013, 1524 = NWVBl 2014, 113

OVG Münster, Urt. v. 24.08.2016 – 11 D 2/14.AK, BeckRS 2016, 52710

OVG Schleswig, Urt. v. 01.07.2011 – 1 KS 20/10, NordÖR 2012, 152 = NuR 2012, 424

Sachregister

Schriften zum Infrastrukturrecht

herausgegeben von
Wolfgang Durner und Martin Kment

Die Schriftenreihe *Schriften zum Infrastrukturrecht* (InfraSR) wurde 2013 gegründet. Das Infrastrukturrecht als übergreifendes Rechtsgebiet erstreckt sich neben den klassischen Verkehrsinfrastrukturen (Straße, Schiene, Wasserstraßen und Luftverkehr) vor allem auf die Anlagen zur Bereitstellung von Wasser und Energie, die stoffliche Ver- und Entsorgung sowie die Kommunikationsinfrastruktur. In all diesen Bereichen stellen sich immer wieder grundsätzliche Fragen nach der Rolle des Staates – sei es als Anbieter oder als Gewährleister eines angemessenen Versorgungsniveaus, der Planung, Zulassung und Finanzierung der erforderlichen Anlagen, der Reglementierung des Zugangs zu Infrastrukturen, des Umgangs mit natürlichen Monopolen oder nach der Gestaltung verbrauchergerechter Preise. Die neue Schriftenreihe will zur Erforschung dieser Fragen beitragen und wendet sich ebenso an staatliche und nichtstaatliche Akteure im Infrastrukturbereich wie an Wissenschaftler, Richter und Rechtsanwälte.

ISSN: 2195-5689
Zitiervorschlag: InfraSR

Alle lieferbaren Bände finden Sie unter *www.mohrsiebeck.com/infrasr*

Mohr Siebeck
www.mohrsiebeck.com